Hans Rudolf Vaget

Goethe – Der Mann von 60 Jahren

Hans Rudolf Vaget

GOETHE
Der Mann von 60 Jahren

Mit einem Anhang über Thomas Mann

Athenäum

CIP-Kurztitelaufnahme der Deutschen Bibliothek

Vaget, Hans Rudolf:
Goethe – Der Mann von 60 [sechzig] Jahren :
mit. e. Anh. über Thomas Mann / Hans Rudolf Vaget.
– Königstein/Ts. : Athenäum, 1982.

   ISBN 3-7610-8170-7

Satz: Computersatz Bonn
Reproduktion, Druck und Bindung: Hain-Druck GmbH, Meisenheim
Printed in Germany
ISBN 3-7610-8170-7

Inhalt

Vorwort

Der Titel dieses Buches bedarf einer kurzen Erklärung. Er ist von Max Morris entliehen, der in einem kleinen Beitrag zu Goethes Gedicht *Das Tagebuch* dieses als „die Geschichte des Mannes von sechzig Jahren" charakterisiert hat. Die Titelparodie auf die berühmte Novelle *Der Mann von fünfzig Jahren* ist, wie ich glaube, hier wie dort angebracht, geht es doch in beiden Werken um Phänomene des Alterns und deren psychologische Bewältigung. Mir ist es also in erster Linie um jenes große und verkannte Gedicht des sechzigjährigen Goethe zu tun, das hier neu – und in neuer Textgestalt – zur Diskussion gestellt wird. Außerdem habe ich den Versuch gemacht, die lebens- und werkgeschichtlichen Zusammenhänge zu klären, aus denen dieses außerordentliche Gedicht hervorgegangen ist. Und da es sich hier um ein Hauptwerk der erotischen Dichtung Goethes handelt, blieb es nicht aus, daß sich aus der Betrachtung dieser Zusammenhänge eine kleine Abhandlung über die erotische Dichtung Goethes und über die Geschlechtsthematik in seinem Werk ergab.

Ursprünglich hatte ich die Absicht, diese Studien mit einem kurzen Kapitel über Thomas Manns Goethe-Roman *Lotte in Weimar* zu beschließen, weil ich der Meinung bin, daß in diesem Werk die bedeutendste Nachwirkung des Goetheschen Gedichts im 20. Jahrhundert zu beobachten ist. Es stellte sich jedoch bald heraus, daß diese Absicht undurchführbar war, ohne die Problematik der Sexualität in den vorhergehenden Werken und in der persönlichen Entwicklung Thomas Manns wenigstens skizzenhaft zu beschreiben. Somit waren auch die *Joseph*-Romane und *Der Zauberberg* sowie die einschlägigen biographischen Zeugnisse in den Tagebüchern in die Betrachtung einzubeziehen.

Ich bin vielen Freunden und Kollegen zu Dank verpflichtet, die mich dazu gebracht haben, durch ihre Skepsis nicht weniger als durch ihren Zuspruch, den Gegenstand dieser Arbeit besser zu verstehen. Ihre Zahl ist zu groß, als daß sie hier alle genannt werden könnten. Ausdrücklicher Dank gebührt jedoch den *Nationalen Forschungs- und Gedenkstätten der klassischen deutschen Literatur* in Weimar, die mir freundlicherweise Photokopien der Manuskripte des *Tagebuchs* zur Verfügung stellten; Frau Christa Sammons, M. A., von der Beinecke Rare Book Library an der Yale University in New Haven, Connecticut, die mir den Zugang zu einigen Schätzen der Speck Goethe Collection verschaffte; Herrn Dr. Horst Umbach, der mir die Zettelkästen der Hamburger Stelle des Goethe – Wörterbuchs öffnete; Herrn Professor Dr. Hans Wysling, dem Leiter des Thomas-Mann-Archivs in Zürich für Photokopien und freundliche Auskünfte, und *last but not least* Herrn Dr. Hans Sachse, Elmshorn, für seine Durchsicht des 2. Kapitels und der dort gedruckten neuen Textfassung des *Tagebuchs*. Dank schulde ich schließlich auch meinen Vorgängern, den bisher wenigen, die sich mit dem Gedicht näher befaßt haben, gerade auch dort, wo ich zum Widerspruch gegen ihre Deutungen gereizt wurde.

Die folgenden Versuche wenden sich in erster Linie an einen weiteren Kreis der literarisch Interessierten. Ich habe deshalb, und um die Lesbarkeit nicht unnötig zu beeinträchtigen, auf eine vollständige Dokumentation und eine Auseinandersetzung mit der Forschung im einzelnen verzichtet. Das Kapitel III stellt eine beträchtlich erweiterte und revidierte Fassung eines Aufsatzes dar, der unter dem Titel „Der Schreibakt und der Liebesakt: zur

2

Deutung von Goethes Gedicht *Das Tagebuch*" im ersten Band des *Yearbook of the Goethe-Society of North America* erschienen ist, dem aber noch die alte Textgestalt des Gedichts zugrundeliegt. Goethe wird nach der Artemis Gedenkausgabe zitiert, außer den Tagebüchern, die nach der Weimarer Ausgabe zitiert sind; Thomas Mann nach den Gesammelten Werken in 13 Bänden.

Northampton, Massachusetts / Hamburg, den 15. Dezember 1981.

Einleitung

Der Schreibakt und der Liebesakt sind zwei menschliche Ausdrucksmöglichkeiten, die im Verborgenen viele sich gegenseitig beflügelnde Beziehungen unterhalten. Wollte man jedoch den professionellen Interpreten von Dichtung Glauben schenken, so hätten Liebes- und Schreibakt am liebsten gar nichts miteinander zu tun. Sie bekunden in ihren Darstellungen und Deutungen allein für den einen Akt Interesse und haben seit je das Nachdenken über den andern sowie über das Wechselspiel der beiden aus ihrem Diskurs über Dichtung verbannt. Nicht von ungefähr findet sich unter den Ahnen des modernen Philologen und heutigen Literaturprofessors die keusche Gestalt des monastischen, der Askese ergebenen Skribenten.

Die Dichter dachten und denken über diesen Punkt offensichtlich anders. Ihre Dichtungen beweisen es. Nicht nur haben sie die Trennung von Schreibakt und Liebesakt für nichtig erachtet, sondern sie haben diese zu den beiden zentralen Polen bestimmt, zwischen denen die dichterische Reflexion kraft der unerschöpflichen Sprache der Lust, die auch eine Lust der Sprache ist, hin und her zu wandern hat. Die Gründe ihrer Verwandtschaft sind leicht ersichtlich, verwirklicht sich doch im Liebesakt wie im Schreibakt dasselbe Schaudern erregende Urphänomen des Lebens: die Kreativität. Sie äußert sich im Menschen in zweifacher Gestalt, in natürlicher und geistiger Form und steht in dieser Doppeltheit den Dichtern und Künstlern wohl am unmittelbarsten zur Verfügung. So kreist denn ein Großteil der abendländischen Dichtung, die der Liebe gilt – der Liebe in ihrer ganzen Spannweite –, um diese Doppelgesichtigkeit des

Schöpferischen. Und es ist nicht zu denken, daß Dichtung jemals die Lust daran verlieren wird, neue Sinnbilder zu schöpfen aus den intrikaten Wechselwirkungen von Lieben und Schreiben; daß Dichten es sich je wird untersagen lassen, den Schreibakt als Liebesakt vorzustellen und den Liebesakt als einen andern Schreibakt.

In der Geschichte der deutschen Dichtung ist es Goethe, der die Zusammengehörigkeit von Lieben und Dichten in beispielhafter Form vorgelebt hat. Daß Goethe vor allem und im Innersten ein sogenannter Liebesdichter war, ist längst ein Gemeinplatz. Diese Einschätzung genoß er schon zu seinen Lebzeiten, sie ist seither nicht wesentlich relativiert worden. Es steckt in dieser Einschätzung jedoch mehr als die Vorstellung vom jungen, liebesseligen Goethe der Operette oder dem unentwegten, bis ins Alter beglückten Liebhaber, als der er uns in den populären Biographien entgegentritt. Vielmehr besitzt Liebesdichtung bei Goethe, zumal in ihren gewichtigsten Teilen, jene Doppelgesichtigkeit von Schreibakt und Liebesakt, die ein Wesensmerkmal der westlichen Dichtung ausmacht.

Erst spät, als Mann von sechzig Jahren, hat Goethe den Zusammenhang von Schreiben und Lieben explizit zum Gegenstand der dichterischen Reflexion gemacht. Das erklärt die charakteristische Sehweise, in der Goethe diesen Gegenstand behandelt: es ist die Sicht des alternden Dichters, der sich des Nachlassens seiner Schaffens- und Liebeskraft bewußt zu werden beginnt. Einige Jahre zuvor hatte er sich dieser Problematik in der psychologisch glänzenden Novelle über den *Mann von fünfzig Jahren* genähert. Das große Stanzengedicht *Das Tagebuch* (1810) geht jedoch in der poetischen Ausdeutung der versagenden Liebeskraft viel weiter als die Novelle und erobert sich eine bis dahin unerhörte Freiheit in der Darstellung der Sexualität. Nicht zuletzt deswegen gehört das Gedicht des sechzigjährigen Goethe zu seinen kühnsten Hervorbringungen und darf einen Sonderplatz in der Geschichte der deutschen Dichtung, ja auf dem reich bestellten Feld der Liebeslyrik überhaupt beanspruchen.

Merkwürdig ist nun aber, daß *Das Tagebuch* im allgemeinen Bewußtsein der literarisch Interessierten, selbst der Kenner, mitnichten eine vorrangige Stellung einnimmt. Im Gegenteil, es steht ganz offensichtlich in Verruf, und man ist noch weit entfernt von der Erkenntnis, daß wir es hier mit einem zentralen Text des Dichters Goethe zu tun haben. Paradoxerweise sind dafür jedoch nicht etwa Geringschätzung oder Interesselosigkeit verantwortlich zu machen, sondern gerade die allgemeine Hochschätzung des Dichters Goethe, genauer gesagt: seine Erhöhung im Bewußtsein der Deutschen zum „klassischen Nationalautor schlechthin."[1]

Wie ist dieses Paradox zu erklären? Warum soll ausgerechnet die Verehrung Goethes als des Nationalautors eine seiner, wie hier behauptet wird, großartigsten lyrischen Leistungen verdunkelt oder gar unterschlagen haben? Sollte man nicht meinen, daß es mit wachsender historischer Distanz für uns immer leichter geworden sei, uns ein wahrheitsgetreues, vollständiges und angemessen differenziertes Bild von seinem Werk und seiner Persönlichkeit zu machen? Schon ein flüchtiger Blick auf den vielberufenen Stand der Forschung widerlegt dieses Argument des gesunden Menschenverstands. 150 Jahre nach seinem Tod sind wir von einem Goethe-Bild, das von aller Stilisierung befreit und allen ideologischen oder moralisch inspirierten Versuchen der Indienstnahme entrückt wäre, noch weit entfernt. Dem freieren Blick, den die historische Distanz in der Tat ermöglicht, stellen sich heute andere Hindernisse entgegen – Hindernisse methodologischer und in diesem besonderen Fall auch nationalpsychologischer Art. Wir haben heute längst den Glauben aufgegeben, daß die Literaturwissenschaft ein vollständiges, verbindliches und unumstrittenes Goethe-Verständnis erarbeiten kann. Das gilt gerade auch von der Goethe-Forschung, die einst mit dem Anspruch der Exaktheit und Objektivität angetreten war. Sie hat seit nunmehr fast 100 Jahren, mit dem Aufwand und der Betriebsamkeit eines eigenen Industriezweigs, unser Wissen über Goethe immens vermehrt. Sie hat sich aber nie ganz unabhängig machen können vom Zeitgeist und dem Widerstreit der Erkenntnisinteressen. So ernüchternd dies der Laie empfinden mag: auch die wissenschaftliche Beschäftigung mit dem Werk Goethes macht nicht völlig gefeit gegen die allgegenwärtige Versuchung, das Störende zu beschönigen und das Unpassende zu ignorieren.

Das andere Hindernis rührt von einer über hundertjährigen Stilisierungskonstante her, die sowohl in der wissenschaftlichen als auch in der populären Literatur über Goethe eine unselige Rolle gespielt hat. Ich meine die schlechte Tradition, Goethe nicht nur zum größten Dichter der Deutschen, sondern auch zum größten Deutschen schlechthin, ja – wie zuerst Friedrich Ludwig Jahn formulierte – zum „deutschesten" Dichter zu erklären. Mit solchen Etiketten behängt man Denkmäler; es lassen sich damit vermeintliche Blößen und dunkle Flecken verdekken. Unverkennbar hat diese Erhöhung Goethes zum größten Deutschen ein mehr oder weniger unbewußtes Bedürfnis erzeugt, „unser" Goethe-Bild von unpassenden oder gar peinlichen Zügen freizuhalten. Denn wenn es um den größten Deutschen geht und somit um die höchste Verkörperung spezifisch deutscher kultureller Werte, so verbindet sich der Wille zur Objektivität nur allzugern mit dem nie ganz zu unterdrückenden Interesse an einer sublimierten Selbstbespiegelung. Es ist somit diese Sonderstellung Goethes als einer nationalen Kultfigur, die den wohl am schwersten auszuschaltenden Antrieb zur Stilisierung liefert – zu einer dem individuellen und kollektiven Selbstverständnis schmeichelnden Stilisierung.

Der Mythos vom Nationaldichter und die Stilisierung der Dichter-Heroen der Vergangenheit einer Nation sind keineswegs ein spezifisch deutsches Phänomen. Man begegnet ihm in praktisch allen Ländern mit einer entwickelten Nationalliteratur. Das enthebt uns jedoch nicht der Aufgabe, die Besonderheiten der deutschen Variante des Phänomens festzustellen und zu erklären. Im Falle Goethes, so scheint es, liegt eine Besonderheit wohl darin, daß sich sein Bild bei den Deutschen ein ungewöhnlich hohes Maß an Retuschen und Verkürzungen hat gefallen lassen müssen, um überhaupt in die ihm zugedachte Rolle des größten deutschen Dichters hineinzupassen. Diese Beobachtung trifft sowohl auf den „Repräsentanten der bürgerlichen Kultur" als auch auf den „Wegbereiter einer sozialistischen Kultur" zu. Ein Jubiläum wie das gegenwärtige sollte Anlaß sein, die eigentlich geheimnisvolle und unheimliche Gestalt, der wir gedenken, von einigen solcher Retuschen zu befreien.

Das immer noch emsige Bemühen um ein Verständnis von Goethes Werk und Persönlichkeit war seit je begleitet von den mehr oder weniger diskreten Gesten der Verhüllung und Verdunkelung. Von daher rühren die nicht wenigen weißen und verwaschenen Flecken, die unser heutiges Goethe-Bild aufweist. Diese sind nicht etwa auf einen entschuldbaren Mangel an Wissen oder Verstehen zurückzuführen, sondern viel eher auf eine hartnäckige Haltung des Nicht-zur-Kenntnis-nehmen-Wollens, auf eine verdächtige Art von Apperzeptionsverweigerung.

9

Überall dort jedoch, wo solche Apperzeptionsverweigerungen festzustellen sind, dürfen wir auf eine Schwachstelle oder ein Defizit in unserem Goethe-Verständnis schließen. Denn dem Unpassenden und Störenden wird die Anerkennung gerade dann verweigert, wenn es die Unzulänglichkeiten des etablierten Verständnisses offenkundig machen würde. Eben deshalb bieten gerade die Lücken und verdeckten Stellen des heute etablierten Goethe-Verständnisses eine besondere Chance, des Anstößigen, auch heute noch Lebendigen und Wirkungsfähigen in Goethes Werk habhaft zu werden.

Ein in der Tat auffälliges Beispiel für die Haltung des Nicht-wissen-Wollens in der Geschichte der Goethe-Rezeption bietet das Gedicht *Das Tagebuch*. Das ist um so erstaunlicher als es sich hier keineswegs um ein unbedeutendes Gelegenheitsgedicht handelt, sondern um ein immerhin 24-strophiges Stanzengedicht von hohen formalen Qualitäten. Wenn es mit rechten Dingen zuginge, müßte dieses Gedicht eine prominente Stelle im Kanon der Goetheschen Werke einnehmen. Das aber ist nicht der Fall. *Das Tagebuch* fehlt in vielen, angeblich repräsentativen Goethe-Ausgaben, in der wissenschaftlichen Literatur über Goethe hat es keine bedeutenden Spuren hinterlassen, und die wenigen Deutungen, die bisher vorgelegt wurden, einschließlich der jüngsten von Siegfried Unseld,"[2] bleiben unbefriedigend. Die Gründe für solche Vernachlässigung des Gedichts sind nicht weit zu suchen, sie liegen in seiner vermeintlichen Obszönität. Daran ist soviel richtig, daß *Das Tagebuch* in der Tat als das Zeugnis einer in der deutschen Literatur beispiellosen Schamlosigkeit und inneren Freiheit der Sexualität gegenüber bezeichnet werden muß. Aus eben diesem Grund ist es empört und mehr oder weniger redlich abgelehnt worden, und eben deshalb ist die Goethe-Forschung bis in die jüngste Zeit gleichsam abgewandten Gesichts daran vorbeigegangen.

Hiermit stoßen wir aber auf ein Defizit unseres Goethe-Verständnisses, das weit über *Das Tagebuch* hinaus Goethes Werk im Ganzen betrifft, nämlich die Rolle der Sexualität. Sie durchdringt praktisch das ganze Schaffen Goethes und tritt, je nach Ort und Anlaß, mehr oder weniger verhüllt in Erscheinung; in dem Gedicht des Sechzigjährigen hat sie ihre heiterste und tiefsinnigste poetische Gestaltung gefunden. So müssen wir aus dem Nicht-zur-Kenntnis-nehmen-Wollen des *Tagebuchs* auf ein Unverständnis der Bedeutung des Geschlechtlichen in Goethes Werk überhaupt schließen. Abgesehen von den persönlichen Idiosynkrasien der jeweiligen Interpreten, schlägt hier offenbar das Bedürfnis durch, das Goethe-Bild, eben weil es auch um den Mythos vom größten Deutschen geht, vom Anschein des Peinlichen und vermeintlich Beschämenden frei und gleichsam unbefleckt zu halten. Denn hinter der Vorstellung vom deutschesten Dichter steht offenbar das Gespenst eines geschlechtslosen Poeten oder wenigstens eines Dichters, der von seiner Geschlechtlichkeit tunlichst kein Aufsehen macht, weder poetisch noch sonst.

Es kann somit nicht überraschen, daß die philologische und interpretatorische Arbeit an unserem Gedicht heute noch in den Anfangen steckt – ein in der unermeßlichen Goethe-Literatur einzigartiger Fall. Die folgenden Studien machen den Versuch, *Das Tagebuch* und damit die Thematik der Sexualität im Werk Goethes erneut zur Diskussion zu stellen, um möglicherweise so die Neugierde auf Goethe neu zu beleben und zu einem vom Klassiker-Kult unverstellten Interesse am Werk Goethes zu verführen. Dazu ist es notwendig, zunächst einmal den Zugang zu diesem Gedicht von dem mancherlei Gestrüpp und den irreführenden Warntafeln zu befreien, die sich in seinem Umfeld angesammelt haben. Erst dann wird es möglich sein, das Gedicht selbst zu würdigen und seine Bedeutung für unser Goethe-Bild und unser Werkverständnis im Ganzen zu erkennen. Als Grundlage der Betrachtung wird hier zum erstenmal eine neue und gegenüber allen existierenden Drucken gereinigte Textgestalt herangezogen, die die Ergebnisse der textkritischen Untersuchungen von Hans Sachse reflektiert."[3] Bei der Analyse des Gedichts werden neue Wege einzuschlagen versucht, auf denen sich die weitreichende symbolische Bedeutung des Werks erschließt. Im folgenden IV. Kapitel soll sodann versucht werden, den näheren und weiteren Lebens- und Werk-Kontext zu erhellen, aus dem das Gedicht hervorgegangen ist. Den Abschluß bildet ein Versuch, die Wirkung des Gedichts bei Thomas Mann zu verfolgen; hier ist den bedeutenden, wenn auch teilweise verdeckten Spuren nachzugehen, die *Das Tagebuch* in seinem erzählerischen Werk sowie seinem wirkungsgeschichtlich wichtigen Goethe-Bild hinterlassen hat.

I. Priapeischer Scherz oder moralischer Appell?

Das Tagebuch hat eine ebenso merkwürdige wie aufschlußreiche Rezeptionsgeschichte. Schon ihr Anfang mutet widersprüchlich an. Goethe hat das Gedicht zweifellos hoch geschätzt und sich nicht gescheut, es im Kreis vertrauter Freunde vorzulesen. Gleichwohl hat er es von der Veröffentlichung zu seinen Lebzeiten ausgeschlossen – wie den zweiten Teil des *Faust*, wenn auch aus ganz anderen Gründen. Über diese hat sich Goethe nicht direkt ausgesprochen, doch läßt sich aus einem viel späteren Gespräch mit Eckermann vom 25. Februar 1824 recht klar ersehen, was ihn zur Sekretierung bewogen hat.

Eckermann hatte bemerkt, daß das Gedicht zwar eine in hohem Maße sittliche Tendenz habe, in einzelnen Motiven aber „so ohne allen Rückhalt natürlich und wahr" sei, „daß die Welt dergleichen unsittlich zu nennen pflegt." In der Tat, empfindlichen Gemütern mochte *Das Tagebuch* sehr wohl als unsittlich gelten. Denn hier war das erotische Abenteuer eines verheirateten Mannes mit einem unberührten, doch zur Liebe bereiten Mädchen zum Thema gemacht. Als ob dies nicht schon anstößig genug wirkte, handelte Goethe auch noch in aller Ausführlichkeit von dem unerwarteten sexuellen Versagen des Mannes und zwar mit beispielloser Explizitheit und seltsamer Behaglichkeit. Bei dieser Thematik und solchem Realismus, schloß Eckermann, habe Goethe an keine Veröffentlichung denken können. Darauf Goethe:

> Könnten Geist und höhere Bildung [...] ein Gemeingut werden, so hätte der Dichter ein gutes Spiel; er könnte immer durchaus wahr sein und brauchte sich nicht zu scheuen, das Beste zu sagen. So aber muß er sich immer

in einem gewissen Niveau halten; er hat zu bedenken,
daß seine Werke in die Hände einer gemischten Welt
kommen, und er hat daher Ursache, sich in acht zu nehmen, daß er der Mehrzahl guter Menschen durch eine zu
große Offenheit kein Ärgernis gebe. Und dann ist die
Zeit ein wunderlich Ding. Sie ist ein Tyrann, der seine
Launen hat, und der zu dem, was einer sagt und tut, in
jedem Jahrhundert ein ander Gesicht macht. Was den alten Griechen zu sagen erlaubt war, will uns zu sagen
nicht mehr anstehen, und was Shakespeares kräftigen
Mitmenschen durchaus anmutete, kann der Engländer
von 1820 nicht mehr ertragen, so daß in der neuesten Zeit
ein Family-Shakespeare ein gefühltes Bedürfnis wird.

Diese im Stil eines grundsätzlichen Statements gehalte-
ne Auskunft ist in mehrerer Hinsicht bemerkenswert.
Zunächst ist zu bemerken, daß Goethe die Eckermann-
sche Betonung des sittlich-moralischen Gehalts des *Tagebuchs* auf sich beruhen läßt. Hingegen stimmt er der Charakterisierung „ohne allen Rückhalt natürlich und wahr"
zu, indem er zu verstehen gibt, daß das Gedicht deshalb
nicht erscheinen könne, weil darin eine „zu große Offenheit" herrsche und er sich hier einmal nicht gescheut
habe, „das Beste" zu sagen. Er scheint also eher die gewagte Offenheit des Gedichts als dessen sittliche Tendenz unterstreichen zu wollen. Desweiteren kommt hier
Goethes Einsicht in seine schwierige historische Stellung
zum Ausdruck, das Bewußtsein nämlich, daß er für derlei
poetische Produktion einerseits zu spät und andererseits
zu früh geboren sei – ein Dilemma, das für seine Einstellung der historischen Entwicklung seiner Zeit gegenüber
generell kennzeichnend ist. Schließlich verweist Goethe
auf die Voraussetzungen, unter denen das Gedicht auf
günstigere Rezeptionsbedingungen stoßen würde. Auffallenderweise ist hier nicht, wie man erwarten sollte, von
einer größeren Offenheit in der Darstellung des Ge-

schlechtlichen oder von einer weniger verkrampften Haltung zur Sexualität die Rede, sondern von Geist und höherer Bildung, die erst ein Gemeingut werden müßten. Wir können diesen Satz dahingehend deuten, daß nach Goethes Meinung dem Gedicht erst dann eine günstige Aufnahme zuteil werden wird, wenn der Geist allgemein nicht länger von der Geschlechtlichkeit getrennt und diese als ein unentbehrlicher Teil der höheren Bildung begriffen wird. Daß diese Voraussetzungen heute gegeben seien, möchte man angesichts der Prüderie im Umgang mit unserem Gedicht nicht so ohne weiteres behaupten.

Goethe war sich also sehr wohl der Gründe bewußt, warum das Gedicht auf keine freundliche und verständnisvolle Aufnahme rechnen konnte; er wußte, daß es „Ärgernis geben" müßte. Ein Gedicht, das, wie Eckermann befand, „ein Abenteuer von heute [...] ohne alle Verhüllung" behandelt, mußte auf Ablehnung und Entrüstung stoßen bei einem Publikum, das sich offensichtlich eine Art „Familien-Goethe" ohne Affront gegen die bürgerliche Moral wünschte. Wenn man bedenkt, daß Mitte der neunziger Jahre noch eine ganze Elegie aus dem Zyklus der *Römischen Elegien* selbst in Schillers *Horen* nicht veröffentlicht werden konnte, weil darin „des geschaukelten Betts lieblich knarrender Ton" zu vernehmen war, so läßt sich ermessen, welche Hindernisse sich einer Veröffentlichung des weit kühneren *Tagebuchs* entgegengestellt hätten. Es darf dabei auch nicht übersehen werden, daß bei den damals gültigen Sittlichkeitsnormen auch die Kirche gegen ein solches Werk protestiert hätte. Denn eigentlich haben die religiösen Leser noch eher einen Grund als die bloß prüden, an dem Gedicht Anstoß zu nehmen oder sich gar verletzt zu fühlen.

Angesichts dieser Verhältnisse war *Das Tagebuch* im ganzen 19. Jahrhundert und weitgehend auch noch im 20.

zu einer Existenz im literarischen *underground* verdammt. Schon lange bevor die Weimarer Ausgabe sich des Gedichts auf ihre Weise annahm, war es zuerst durch einen Sonderdruck einem relativ kleinen Kreis von Goethe-Freunden bekannt geworden. Das geschah durch den um das Werk Goethes hochverdienten Buchhändler und Goethe-Kenner Salomon Hirzel, der im Jahre 1861 in kleiner Auflage, doch in großzügiger Ausstattung den Erstdruck des *Tagebuchs* veranstaltete. Unter welchen Umständen Hirzel mit dem Gedicht bekannt wurde und ob das Manuskript, das ihm vorlag, tatsächlich eine Handschrift Goethes war, wovon Hirzel überzeugt war, ist bis heute noch ungeklärt und wird sich wohl nie mehr eruieren lassen. Bemerkenswerterweise hatte Hirzel, nach eigenen Angaben im Erstdruck, lediglich 24 Exemplare aufgelegt. Das darin spürbare Bemühen eines Goethe-Freundes um Diskretion und Schonung des verehrten Namens nützte jedoch wenig, denn schon im Jahre 1868 erschien eine viel größere Auflage als Nachdruck der Ausgabe von Hirzel, und danach folgten noch zahlreiche Sonderdrucke in relativ kurzen Intervallen."[1]

Entscheidend an diesem Vorgang ist nun die Beobachtung, daß die erste Erscheinungsform des *Tagebuchs* als Sonderdruck für Liebhaber auf lange Zeit sein literarisches Schicksal bestimmte. Anstatt allmählich in den Kanon von Goethes poetischen Werken aufgenommen zu werden, verblieb das Gedicht gleichsam im literarischen Untergrund, wo es sehr bald in den Ruf des Anrüchigen und Pikanten geriet. Kennzeichnend dafür sind die illustrierten Sonderausgaben, die immer wieder veranstaltet werden und die in allen Fällen auf eine peinliche, dem Werk Goethes völlig unangemessene Schlüpfrigkeit zielen. Diese Sonderdruck-Existenz des Gedichts hat bis heute einen schwer abzuschätzenden, doch sicher negativen Einfluß auf die Rezeption des *Tagebuchs* ausgeübt. Zweifellos hat es den Ruf des Gedichts als einer literarischen Pikanterie bestärkt, und dieser Ruf ist bis heute an ihm haften geblieben. Kennzeichnend dafür ist einmal der Umstand, daß die erste englische Versübersetzung des Gedichts (von John Frederick Nims) ausgerechnet in dem sogenannten Herren-Magazin *Playboy* (Dezember 1968) erschien, und zum anderen der Titel, unter dem das Gedicht zuletzt in einem illustrierten Taschenbuch von Ernst Johann vulgarisiert worden ist – ein Titel, der für sich selbst spricht: *Unziemliche Sachen. Aus dem „Geheimen Archiv" eines gewissen Herrn von G. Mit ziemlich unziemlichen Zeichnungen von Elfriede Sternkopf* ("²1980).

Aufnahme in eine Ausgabe von Goethes Werken fand *Das Tagebuch* zuerst 1869, und zwar in *Goethes Werke*, herausgegeben von Heinrich Kurz (Leipzig o.D.), allerdings noch mit Auslassungen und Textverstümmelungen. In den anderen, verbreiteten Ausgaben nach 1861 fehlt das Gedicht. Es paßte entschieden nicht in das Bild des Familien-Goethe, dem der Goethe-Kult in der zweiten Hälfte des 19. Jahrhunderts und mit ihm natürlich auch die Editoren weitgehend verpflichtet waren.

Eine grundsätzlich neue Situation wurde erst durch die Veröffentlichung des Gedichts in der historisch-kritischen Ausgabe der Schriften Goethes geschaffen, der Weimarer Ausgabe. Dadurch wurde endgültig die Authentizität des *Tagebuchs* bestätigt, die verschiedentlich bezweifelt worden war. Das Gedicht erzielte damit jedoch keinen Durchbruch, wie man ihn von einem Unternehmen wie der Weimarer Ausgabe hätte erwarten dürfen. Das mag zum Teil daran gelegen haben, daß die maßgeblichen Philologen der Ausgabe, Wilhelm Scherer und Erich Schmidt, das Gedicht nur zögernd und offenbar widerwillig autorisierten. Sie waren zunächst durchaus entschlossen, *Das Tagebuch* nicht in die Ausgabe aufzunehmen. Beide waren sich einig, daß das Gedicht „gewiß nicht" in der historisch-kritischen Ausgabe erscheinen sollte, denn, so meinte Erich Schmidt, „nicht alle priapeischen Scherze Goethes" durften „dem großen Publicum" aufgetischt werden.[2] Es tut hier wenig zur Sache, daß Wilhelm Scherer dabei glaubte, auf den Geschmack und den Zartsinn der Großherzogin Sophie von Sachsen, unter deren Patronat die Ausgabe stand, Rücksicht nehmen zu müssen. Im Rückblick kann man nicht umhin, sich über die beiden großen Editoren zu wundern, vor allem über ihre Bereitschaft, ihre philologischen Prinzipien zu kompromittieren und die Erschließung des Gedichts zu boykottieren. Ebenso verwunderlich ist ihre unhaltbare Auffassung, daß wir es hier mit einem priapeischen Scherz zu tun haben. Diese Verkennung des Gedichts ist offensichtlich für die in jedem Sinne lustlose Behandlung verantwortlich, die es in der Weimarer Ausgabe erfahren hat.

Das Gedicht erschien erst 1910 unter den Nachträgen (Bd. V, 2. Abtlg.) zu den Gedichten, und zwar auf der Grundlage des philologisch unzuverlässigen Druckes von Hirzel. Nach dem Tod der Großherzogin Sophie jedoch besann sich Erich Schmidt auf sein Gewissen als Philologe und erwirkte die Auslieferung der bis dahin unter Verschluß gehaltenen Handschriften von Texten, die als „Priapeia" galten. So konnten 1914, in einem Band mit weiteren Nachträgen (Bd. LIII), die relativ wenigen Lesarten vorgelegt werden. Damit war aber das auf zwei Supplement-Bände verteilte Gedicht praktisch erneut versteckt worden. Die Rehabilitierung des Gedichts war nur unvollständig geleistet. Hinzukommt, daß bei der in diesem Fall besonders problematischen Textüberlieferung kein in allen Einzelheiten befriedigender Text erarbeitet wurde. Darauf ist noch zurückzukommen.

Es würde wenig fruchten, auf die zahlreichen Ausgaben, Biographien und Spezialstudien im einzelnen hinzuweisen, die nach der Veröffentlichung des Gedichts in der Weimarer Ausgabe erschienen sind und es dennoch ignorieren oder ihm mit dürren, gezierten Worten aus dem Weg gehen. Erwähnt zu werden, verdient jedoch, daß *Das Tagebuch* in den zwei repräsentativen Leistungen der deutschen Goethe-Forschung in der Adenauer-Ära ebenfalls ignoriert wurde und dort einfach nicht vorkommt: in der dreibändigen Goethe-Monographie von Emil Staiger (1952f) sowie in der für die Lektüre an Ober- und Hochschulen maßgeblichen Hamburger Ausgabe unter der Leitung von Erich Trunz (1949f). Größere Aufschlüsse sind hingegen von einer Sichtung der germanistischen Spezialliteratur zu erwarten, die sich direkt oder in einem größeren Zusammenhang mit dem *Tagebuch* beschäftigt. Diese Literatur ist nicht sehr umfangreich, doch läßt selbst eine solche sporadische Rezeption erkennen, auf welchen Wegen das heutige, meines Erachtens schiefe Verständnis des Gedichts erreicht worden ist.

Die erste wissenschaftliche Arbeit über *Das Tagebuch* stammt von dem Hallenser Philologen Johannes Niejahr und erschien schon 1895 im 2. Band des *Euphorion,* also lange bevor das Gedicht in der Weimarer Ausgabe veröffentlicht wurde. Es ist ein glänzender, auch heute noch wichtiger Aufsatz, der eine größere Wirkung verdient hätte als ihm zuteil geworden ist. Niejahr geht es zunächst darum, ein Gedicht aus Ovids *Amores* als die literarische Quelle des Goetheschen *Tagebuchs* nachzuweisen und ihm damit eine respektable literarische Ahnenschaft zu verschaffen. Über diese und andere Quellen-

19

nachweise wird an gegebener Stelle in Kapitel IV noch zu sprechen sein. Darüber hinaus betont Niejahr die „literarhistorische Bedeutung des einzig dastehenden Werkchens"[3] und nimmt es gegen die Prüderie und den Zynismus des „Publikums" in Schutz. So gelangte er schließlich zu einer seiner Zeit weit vorausgreifenden Rechtfertigung des Gedichts, die sich nicht länger auf moralische, sondern im wesentlichen auf ästhetische Gesichtspunkte zu berufen versuchte. Besondere Erwähnung verdienen außerdem noch Niejahrs Bemerkungen über bestimmte thematische Parallelen zu dem Gedicht in den *Unterhaltungen deutscher Ausgewanderten* und – sein wohl ahnungsvollster Hinweis – in den *Wahlverwandtschaften*. Damit war das damals weit verbreitete Vorurteil, hier handle es sich um den isolierten priapeischen Scherz eines alten Herrn, nicht mehr haltbar.

Die Hinweise und Anregungen Niejahrs sind von der Forschung nur teilweise aufgenommen worden. Die sehr spärliche Diskussion engte sich sogleich auf die in der damaligen Literaturwissenschaft vorrangige Frage nach den literarischen Quellen ein, während man Niejahrs mutige Aufwertung des Gedichts mit verlegenem Schweigen auf sich beruhen ließ. Zunächst antwortete Max Morris auf den „vortrefflichen" Aufsatz von Niejahr mit einer Miszelle, in der er als erster eine Episode aus Ariosts *L'Orlando furioso* als eine weitere Quelle vorschlägt. Hierzu verweist Morris – ein Arzt und gleichzeitig einer der besten Goethe-Kenner seiner Zeit – auf die Ariostsche Strophenform des Gedichts und Goethes Beschäftigung mit Ariosts Epos in der Übersetzung von Johann Daniel Gries in den Jahren 1807 bis 1810. Die Ähnlichkeit der bei Ariost und bei Goethe geschilderten Situation – auch darauf ist noch zurückzukommen – wird übrigens in einer neueren Studie über *Ariost in der deutschen Lite-*

20

ratur von Horst Rüdiger nachdrücklich betont. Rüdiger bestätigt die Parallelen sowohl im Formalen als auch – trotz der Unterschiede, die er konzediert – im Inhaltlichen und nennt *Das Tagebuch* Goethes „‚ariostischstes‘ Gedicht."[4] Über die literarische Bedeutung des Gedichts äußert sich Morris jedoch nicht sehr deutlich. Immerhin läßt er durchblicken, daß das Gedicht mehr als ein priapeischer Scherz sei, wenn er bemerkt: „Die innere Genesis des Gedichts ist natürlich nicht aus Ariost herzuleiten. Es ist die Geschichte des Mannes von sechzig Jahren, die Goethe hier, das Komische des Stoffes voll ausschöpfend und an das Tragische daran doch auch rührend, gegeben hat."[5]

Ein zweiter, an Niejahr anknüpfender Beitrag liegt in der Einleitung zu einer kleinen Anthologie vor, die Max Mendheim 1904 in der Reihe „Bibliothek litterarischer und kulturhistorischer Seltenheiten" vorgelegt hat. Symptomatisch für sein Verständnis des Gedichts sind die Texte, die neben dem *Tagebuch* in die Sammlung aufgenommen wurden. Es sind die vier unterdrückten *Römischen Elegien*, darunter die sogenannten priapeischen, sowie die Invektive „Nicolai auf Werthers Grab." Mendheims Interesse am Gedicht ist durchweg biographisch und positivistisch; so stellt er sich die folgenden Fragen: „Ist das *Tagebuch* wirklich eine Dichtung Goethes? Wann ist es entstanden? Und liegt ihm ein persönliches Erlebnis des Dichters zu Grunde?" Zunächst räumt er alle Zweifel an der Authentizität des Gedichts vom Tisch und datiert es richtig auf das Jahr 1810. Hinsichtlich der letzten Frage entscheidet er sich gegen Niejahr, der ein nicht weiter identifizierbares persönliches Erlebnis vermutet hatte, und plädiert für eine rein literarische Inspiration. Nicht alle Dichtungen Goethes, argumentiert Mendheim, basieren auf Erlebnissen; im Falle des *Tage-*

buchs sei eher an Goethes „damalige Stimmungen und eine ähnliche Lektüre oder die Erinnerung an eine solche" zu denken. Hier verweist Mendheim wiederum auf Ovid und Ariost; darüber hinaus jedoch nennt er überraschend Réstif de la Bretonnes Roman *Ingénue Saxancourt, ou la Femme séparée* sowie ein Gedicht von Hofmann von Hofmannswaldau, „An Charatinen". Beide Hinweise sind irreführend.[6] Mit der rein literarischen Herleitung des Gedichts war es nun aber wiederum vom übrigen Werk- und Lebenskontext Goethes abgeschnitten und eigentlich nichts gewonnen. Auch über den literarischen Wert des *Tagebuchs* hat sich Mendheim jeglichen Urteils enthalten.

Nach den Beiträgen von Niejahr, Morris und Mendheim ist der Faden der Diskussion abgerissen. Bis zu der von Unseld in Gang gebrachten Neubeschäftigung mit dem Gedicht tritt nun eine große Zäsur ein. Zwar sind hier und dort einige bemerkenswerte Kommentare oder Urteile zu verzeichnen, aber von einer eigentlichen Diskussion um und über das Werk kann nicht die Rede sein. Es sind lediglich einige vereinzelte, gleichsam flüsternde Stimmen, die im Leeren verhallen. Hier wäre zunächst die sehr erfolgreiche Goethe-Biographie von Georg Witkowski zu nennen, der dem *Tagebuch* immerhin eine beachtliche Kunstleistung bescheinigt. Das Werk sei in Nachahmung der naiven, unbefangenen Sinnlichkeit Ariosts geschrieben. So sei es Goethe gelungen, „durch die höchste Grazie der Behandlung einen gar bedenklichen Stoff ins Gebiet der echten Kunst" emporzuheben.[7] Eine vergleichbare Hochschätzung des Gedichts läßt sich auch aus Paul Kluckhohns umfangreichem Buch über *Die Auffassung der Liebe in der Literatur des 18. Jahrhunderts und in der deutschen Romantik* herauslesen. Für Kluckhohn ist *Das Tagebuch* das Zeugnis einer „sittlichen Sinnlichkeit", und wie vor ihm Eckermann beteuert er, daß das Gedicht moralisch unbedenklich sei.[8] Im übrigen aber geht er auf das derart gelobte und für unbedenklich erklärte Gedicht nicht weiter ein, was man denn doch in Anbetracht des Themas seiner Untersuchung als Enttäuschung empfinden muß. Immerhin wird das *Tagebuch* von Kluckhohn zur Kenntnis genommen. In einer neueren Untersuchung hingegen, die – theoretisch weit ehrgeiziger – die „Gattungspoetik und Gattungsgeschichte der erotischen Dichtung in Deutschland" zum Gegenstand hat, dem *Musica iocosa* (1971) betitelten Buch von Heinz Schlaffer, wird das Werk nicht einmal erwähnt. Ist denn, so wäre dagegen zu fragen, eine Geschichte der erotischen Dichtung in Deutschland überhaupt denkbar ohne das Goethesche *Tagebuch*?

Eine Sonderstellung in der merkwürdigen Rezeptionsgeschichte des *Tagebuchs* darf das fast vergessene, auch von Unseld nicht berücksichtigte Buch von Felix A. Theilhaber beanspruchen: *Goethe. Sexus und Eros* (1929). Bezeichnenderweise war auch Theilhaber ein Außenseiter der Goethe-Forschung, ein Mediziner wie Morris. Ihm geht es um eine „psychologische Charakteristik" Goethes, wobei vor allem Goethes Verhältnis zur Sexualität in Betracht gezogen wird. Es handelt sich hier also um einen populärwissenschaftlichen Beitrag aus den Kinderjahren der psychoanalytischen Literaturbetrachtung. Gleichwohl muß dem Buch von Theilhaber eine große historische Bedeutung zugeschrieben werden, denn es stellt den ersten, ebenso schwierigen wie ehrgeizigen Versuch einer sexualwissenschaftlichen Gesamtdeutung Goethes dar. Theilhabers Befunde sind heute noch brisant und müssen seinerzeit als sehr befremdlich empfunden worden sein. Dabei hat Theilhaber nichts von einem Bilderstürmer oder Goethe-Feind an sich; im Gegenteil, er ist ein Goethe-Verehrer, der im Dichter der *Römischen Elegien* und des *Tagebuchs* einen Befreier des „erotisch-sexuellen Empfindens" erblickt.[9] Goethes Ausnahmestellung als Dichter der Liebe gründet jedoch nicht etwa auf einem Übermaß, sondern eher auf einem Mangel an aktivem Geschlechtsleben. Anknüpfend an die damals noch neuen Theorien von Richard von Krafft-Ebing und Sigmund Freud über die ursprüngliche Bisexualität des Menschen konstatiert Theilhaber bei Goethe ein relatives Defizit an männlicher und ein relativ hohes Maß an weiblicher Sexualität. Dazu verweist er auf ausgesprochen androgyne Züge Goethes sowie auf seine gleichsam konstitutionelle Neigung zum Verzicht auf Triebbefriedigung. Theilhaber hält also Goethes vielberufene Ganzheit, seine ausgewogene Menschlichkeit, für Mythos und Maske. Dagegen wird hier hinter dem populären Bild vom heiter-selbstsicheren Lieblingskind der Natur das Porträt eines gebrochenen, von Hemmungen erschütterten Menschen sichtbar, der Zeit seines Lebens ein äußerst prekäres und problematisches Verhältnis zur eigenen Geschlechtlichkeit unterhalten habe.

Eines ist Theilhabers Buch auf jeden Fall zu bescheinigen: der Mut zum Gegen-den-Strom-Schwimmen. Sein Goethe-Bild liegt praktisch quer zur gesamten Goethe-Literatur seiner Zeit, die sich in einer unkritischen Heroisierung ihres Gegenstands gefiel. Als besonders aufschlußreich und wegweisend hat sich der Gesichtspunkt erwiesen, unter dem hier Goethe betrachtet wird. Theilhaber ist grundsätzlich der Überzeugung, daß eine psychologische Charakteristik Goethes am verläßlichsten aus „dem Abwegigen seiner Natur" zu gewinnen sei,[10] und daß somit das Verständnis Goethes davon abhängt, daß wir auch sein Versagen zu erkennen und zu begreifen vermögen. Damit nimmt er im Ansatz und teilweise auch in den Ergebnissen bestimmte Diagnosen vorweg, die Kurt R. Eissler in seiner monumentalen Untersuchung *Goethe. A Psychoanalytic Study, 1775 – 1786* (1963) stellen sollte, obschon dieser die Arbeit seines Vorgängers unerwähnt läßt. Die andere wichtige Spur, die Theilhabers Buch hinterlassen hat, führt zu Thomas Mann, der sich bei den Vorarbeiten zu *Lotte in Weimar* entscheidende Anregungen und Stichworte daraus holte. Das auch wirkungsgeschichtlich bedeutsame Goethe-Bild dieses Romans ist undenkbar ohne die psychologische Studie Theilhabers.

Dem *Tagebuch* widmet Theilhaber eine einläßliche Deutung. Zwar würdigt er das Werk als „wundersame freiheitlich-verklärte Poesie", doch bleibt seine Deutung letztlich unbefriedigend, weil er sich nicht über die Beschränkungen einer engen biographischen Literaturauffassung zu erheben vermag. Das Gedicht ist ihm zunächst das Geständnis einer Untreue, eines versuchten Ehebruchs; Goethe habe sich gegen die Bindung an Christiane, die „ihn seelisch stark beeinflußte",[11] aufgelehnt. Wie alle anderen Autoren, die sich darauf einlassen, greift er zu abwegigen Spekulationen, wenn es gilt, ein solches Vorkommnis in Goethes Leben zu identifizieren. Interessanter ist hingegen der Gedanke, daß sich Goethe durch die Darstellung seines Trieblebens der Besonderheit seiner Natur bewußt zu werden versuchte. In diesem Sinne mißt Theilhaber der berüchtigten Strophe XVII eine große Bedeutung zu. Sie bezeuge Goethes Einsicht in „die Eigenartigkeit seines Triebes", die darin bestehe, daß seine „sinnliche Phantasie" nur in besonderen Augenblicken erregt werde wie etwa am Altar vor dem Kruzifix; durch eben dieses Handicap, das andererseits auch zu einer Quelle der Kraft werden könne, unterscheide er sich von den anderen Menschen.[12] So eigenwillig und wenig plausibel diese Deutung auch anmutet, der Ansatz Theilhabers, aus der literarischen Gestaltung des Trieblebens auf die Eigenart von Goethes Dichtertum zu schließen, war damals neu und bietet noch heute die Möglichkeit einer Neuinterpretation des Gedichts.

_ Erst 1978 – über 80 Jahre nach Niejahrs Aufsatz und nach langen Jahren des beredten Schweigens in der Goethe-Literatur der Nachkriegsjahre – hat die seriöse Diskussion über *Das Tagebuch* wieder eingesetzt. Siegfried Unseld – wiederum ein Außenseiter, der sich um keine Beamtung zu sorgen braucht – nahm das in Angriff, was die zünftigen Goethe-Forscher zu tun verschmähten: die erneute Prüfung der literarischen Quellen und biographischen Zeugnisse, die Deutung des Gedichts vom Standpunkt einer unverkrampften moralischen Sensibilität sowie eine grundsätzliche Neu- und Höherbewertung des *Tagebuchs* im Kontext von Goethes poetischer Produktion. Darüber hinaus liefert Unseld einen Überblick über die Rezeption des Gedichts, beziehungsweise die Rezeptionsverweigerung, und macht zum erstenmal den Versuch, die Wirkung des Gedichts auf einen späteren Autor festzustellen, auf die „Sieben Gedichte" von Rainer Maria Rilke.

Unselds engagierte Arbeit kommt einer Pioniertat gleich – einer Pioniertat allerdings, die sich noch nicht entschlossen genug aus dem Schatten hervorwagt, den die bisherige Rezeption auf das Gedicht wirft. Die Verbannung des *Tagebuchs* in den literarischen Untergrund sowie die lange vorhaltende Tabuisierung der Sexualität in der etablierten Literaturwissenschaft haben eine Situation entstehen lassen, in der die Frage nach dem moralischen Gehalt des Gedichts auf eine eigentlich ungebührliche und rückschrittliche Weise in den Mittelpunkt des Interesses gerückt worden ist. Hier bezieht Unseld zwar ein-

deutig Position gegen das Mißverständnis vom priapeischen Scherz und gegen die Verunglimpfung des Gedichts als Zeugnis der „niedrigsten erotischen Literatur."
Mit diesem Engagement gegen die philiströse Behandlung des *Tagebuchs* schlägt aber in Unselds Interpretation eine Fixierung auf die Moral des Gedichts durch, die
dessen eigentlichen poetischen Gehalt nun doch empfindlich verkürzt. So akzentuiert er den Dreischritt von
Begehren, Versagen und Verzichten und verweist das
Werk in den Zusammenhang von Goethes Entsagungs-
ethos. Schließlich schwingt sich seine Deutung zu einem
fast schon moralischen Appell an die heutigen Leser
auf:

> Der heutige Leser dieses Gedichts kann darin eine Bot-
> schaft erkennen: es ist die Aufgabe eines jeden Einzelnen,
> auf dem Wege seiner „Lebensreise" sein Selbst zu finden
> und über dieses Selbst den Weg zum Nächsten, den Weg
> zum Du, den Weg zu einer mit Liebe erfüllten Bezie-
> hung. Und für diese Beziehung seien nicht Pflicht und
> Leistung ausschlaggebend, sondern (jene aus der Ethik
> der Französischen Revolution stammende, von uns bis
> heute vernachlässigte dritte Maxime) Brüderlichkeit und
> Zärtlichkeit. Wir mögen auf unserer Lebensreise stol-
> pern, doch wir kennen auch Goethes Maxime: ‚Stolpern
> fördert'.[13]

Ginge es beim Interpretieren von Gedichten letztlich
um deren moralischen Gehalt, so wäre entschieden auf
Seiten Unselds Partei zu nehmen, und die stillschweigende Ablehnung des *Tagebuchs* wäre als Zeichen einer neu-
rotischen oder heuchlerischen Prüderie anzuprangern.
Doch kann sich eine seriöse Auseinandersetzung mit diesem Werk nicht mit dem Vorzeigen eines moralischen
Gehalts zufrieden geben, zumal dann nicht, wenn dabei
wichtige Fragen, die Textgestalt, Struktur und symbolische Bedeutung betreffend, noch ungestellt und damit

ungeklärt sind. Eine Neubeschäftigung mit Goethes großem Stanzen-Gedicht wird sich somit vor allem von der die bisherige Diskussion einengenden Sorge um seinen moralischen Gehalt befreien müssen. Erst dann werden die Konturen seines eigentlichen Anliegens wahrnehmbar. Dazu wird es notwendig sein, die ironische Struktur des Gedichts genauer zu erfassen und einen ihm angemessenen Deutungshorizont zu erschließen.

Unselds verdienstvolle Veröffentlichung hat sogleich eine erfreuliche Wirkung gezeitigt, die noch vor einigen Jahren schlechterdings undenkbar gewesen wäre: eine relativ ausführliche Würdigung des *Tagebuchs* in einer Gesamtdarstellung der deutschen Klassik. Eine solche Würdigung findet sich nun in Dieter Borchmeyers *Die Weimarer Klassik. Eine Einführung.*[14] Borchmeyer stellt das Gedicht in den Zusammenhang der anderen sogenannten „Erotica", denen er ein eigenes Kapitel widmet, und wertet es zurecht als den Höhepunkt der Goetheschen Produktion in dieser „Dichtungsart". In Anlehnung an Unseld bestimmt auch er die XVII. Strophe als Höhepunkt des ganzen Gedichts, das er jedoch als letztlich inkommensurabel bezeichnet. Auf diese Strophe und ihre Deutungen durch Unseld und Borchmeyer sowie auf andere Einzelheiten, zumal der Unseldschen Arbeit, wird noch zurückzukommen sein. Zuvor aber muß auf die wichtige textkritische Analyse von Hans Sachse eingegangen werden, einem weiteren Repräsentanten der medizinischen Fakultät auf dem noch kleinen Feld der *Tagebuch* – Literatur, der die ungelöste, große Aufgabe der Herstellung eines authentischen Textes einen beträchtlichen Schritt vorwärts gebracht hat.

II. *Das Tagebuch:* Text und Kommentar.

Kein anderes Werk Goethes von vergleichbarer Bedeutung und Größe ist in einer so unzuverlässigen Textgestalt überliefert wie *Das Tagebuch.* Siegfried Unselds Feststellung, daß es von dem Gedicht bis heute (1978) keinen einwandfreien Text gebe, war durchaus zutreffend. Er griff deshalb auf den in der Artemis-Gedenkausgabe von Ernst Beutler gedruckten Text zurück, allerdings mit einer bezeichnenden Ausnahme in Strophe XVII: anstatt wie üblich „blutrünstiger Christe", setzte er „blutrünstger Christe" ohne die überzählige Silbe und ohne Auslassungszeichen. Diese eine Emendation geht auf eine Beobachtung von Hans Sachse zurück, der eine scharfsinnige und die bisher einzige Untersuchung der überlieferten Handschriften vorgelegt hat. Ihre Ergebnisse im Ganzen betreffen mehr als jene notorische Zeile in Strophe XVII, konnten aber von Unseld noch nicht berücksichtigt werden.

Die beträchtlichen Probleme der Text-Herstellung rühren von der ungesicherten Überlieferung her, die im Falle gerade dieses Gedichts natürlich nicht zufällig ungesichert ist. Eine Urschrift des Gedichts von Goethes Hand hat sich nicht erhalten. Zwar war Salomon Hirzel der Meinung, eine originale Handschrift Goethes zur Vorlage zu haben, als er 1861 den Erstdruck veranstaltete. Doch lassen die sehr merkwürdigen Umstände, unter denen jene Handschrift in seine Hände kam, vor allem aber die nur geringfügigen Abweichungen seines Textes von dem in einer Handschrift Riemers überlieferten, seine Auskunft als wenig überzeugend erscheinen. Sie beruht wohl auf einer Verwechslung. Gleichwohl darf angenommen werden, daß eine vorläufige, möglicherweise unvollständige Urschrift Goethes existiert hat. Sie mag auf eine noch nicht näher bestimmte Weise der überlieferten Handschrift Riemers zur Vorlage gedient haben. Auf die Existenz einer solchen Urschrift läßt auch ein Notat in Goethes Tagebuch unter dem 30. April 1810 schließen: „Die Stanzen ‚das Tagebuch' abgeschrieben."[1] Dieser Eintrag – es handelt sich hier um ein für unser Verständnis der Entstehungsgeschichte entscheidendes Zeugnis – bedeutet doch wohl, daß Goethe eine erste Fassung zu Papier gebracht hatte und nun eine Rein-, beziehungsweise Abschrift anfertigte. Daß er sich dieser Arbeit selbst annahm, ist angesichts der Verfänglichkeit der Thematik und des noch unfertigen Zustands dieses Gedichts nur allzu plausibel. Somit sind, genau genommen, zwei Goethesche Handschriften des *Tagebuchs* zu postulieren: die eigentliche Urschrift sowie eine wohl revidierte Abschrift davon. Beide sind verloren. Wann und unter welchen Umständen diese Manuskripte abhanden gekommen sind, hat sich bis jetzt noch nicht feststellen lassen.

Ebenfalls abhanden gekommen – ein für dieses Werk nicht untypisches Vorkommnis – ist eine Abschrift des Gedichts von Karl Eduard von Holtei. Ihre Existenz ist von Erich Schmidt und anderen bezeugt, die Weimarer Ausgabe verzeichnet ihre Lesarten. Holtei war der Freund August von Goethes, dem der Vater das Verfügungsrecht über die sekretierten Texte zugestanden hatte. Diese Holteische Fassung ist nun insofern von einer gewissen Bedeutung, als sie für die anstößigen Zeilen in Strophe XVII einen anderen Wortlaut bot: „Vor deinem Kreuze selbst, o Jesu Christe," sowie durchgehend metrisch geglättete Zeilen ohne überzählige Silben. Welches Manuskript dieser Abschrift zugrunde lag: die Urschrift, eine revidierte Abschrift davon oder ein sonstiges Manuskript, ist ebenfalls noch nicht geklärt.

So sieht sich jede Arbeit an und mit dem Text des *Tagebuchs* auf einen empfindlich reduzierten Handschriften-Bestand verwiesen. Es sind im Ganzen drei Dokumente, die sich erhalten haben:

H[1] Ein 13-seitiges Manuskript von Riemers Hand in schwarzer Tinte auf Quartbögen. Die Strophen sind römisch beziffert. An mehreren Stellen finden sich interlineare Bleistift-Korrekturen von Goethes Hand: g[1].

H[2] Eine kalligraphische Abschrift von H[1] von unbekannter Hand mit ebenfalls durchnummerierten Strophen aber ohne Berücksichtigung der Bleistiftkorrekturen.

H[3] Eine separate Liste der in H[1] vorzunehmenden Korrekturen, von Goethes Hand in schwarzer Tinte, mit einer weiteren Bleistiftkorrektur. Fast alle Korrekturen sind links am Rand abgehakt, wohl zum Zeichen, daß sie mit g[1] verglichen wurden.

Man sollte annehmen dürfen, daß angesichts dieser zwar nicht idealen aber keineswegs verworrenen Handschriftenverhältnisse es relativ leicht sein müßte, einen befriedigenden Text des Gedichts herzustellen. Den verantwortlichen Editoren der Weimarer Ausgabe, Julius Wahle und Wolfgang von Oettingen, ist dies jedoch nicht gelungen. Gleichwohl wäre der Vorwurf, sie hätten es sich zu leicht gemacht, unangebracht, denn die drei genannten Manuskripte enthalten eine Reihe von Unstimmigkeiten, die das Geschäft der Editoren einigermaßen erschweren. Hans Sachse hat diese die Textherstellung erschwerenden Unstimmigkeiten zuerst mit großem Scharfsinn aufgespürt; sie seien hier kurz zusammengefaßt.

1. Einige von Goethes interlinearen Bleistiftkorrekturen g¹ sind nicht mehr zu entziffern oder überhaupt zu erkennen, obgleich ihre Existenz von früheren Lesern dieses Manuskripts zuverlässig bezeugt ist. Sie wurden später wieder beseitigt; man weiß nicht, von wem.

2. H³ enthält eine Durchstreichung von unbekannter Hand, mit Bleistift, während eine andere Durchstreichung in Tinte zweifellos von Goethe stammt. Diese offenbar nicht von Goethe getilgte Korrektur zu Z. 72 erscheint in keinem Druck des Gedichts.

3. H¹ und H³ lassen sechs übersilbige Zeilen stehen, während Goethe wenigstens an einer Stelle, Z. 135: blutrünstger, durch Synkopierung glättet und korrigiert. Damit stellt sich die Frage, ob eine solche Synkopierung an den anderen Stellen absichtlich oder versehentlich unterlassen worden ist. Angesichts der Verhältnisse in den anderen Stanzen-Gedichten Goethes liegt es nahe, ein Versehen, beziehungsweise eine Inkonsequenz Goethes anzunehmen.

4. Nicht alle interlinearen Korrekturen in H¹ sind von Goethe in H³ berücksichtigt worden. Wiederum ist zu fragen: Versehen oder Absicht?

5. Seit dem Hirzelschen Erstdruck von 1861 werden einige Lesarten von Druck zu Druck weitergereicht, für die die überlieferten Handschriften keine Gewähr bieten. Das geschah in der Absicht, einige syntaktische Unstimmigkeiten in Strophe XVIII, die sowohl in H¹ als auch zwischen H¹ und g¹auftreten, zu beseitigen – allerdings ohne Erfolg, denn alle bisher gedruckten Fassungen von Strophe XVIII ergeben keinen rechten Sinn.

In Anbetracht dieser Sachlage ist eine gründliche Untersuchung, die die Handschriften sowie die textkritisch relevanten Drucke berücksichtigt, dringend zu wünschen. Hans Sachse hat dafür die grundlegenden Vorarbeiten geleistet. Vor allem hat er die entscheidenden textkritischen Fragen gestellt. Obgleich es ihm lediglich darum ging, „die Fassungen und Lesarten herauszustellen, welche Anspruch erheben dürfen, der Überlieferung gerecht zu werden," und begründete „Zweifel an bisherigen Drucken anzumelden," liefert seine Untersuchung doch die Materialien zu einer neuen Textgestaltung des *Tagebuchs*. Seinem Vorschlag, „künftige Herausgeber Goethescher Schriften mögen *Das Tagebuch* unter Berücksichtigung" der von ihm erarbeiteten Berichtigungen und Emendationen drucken lassen,[2] wird hier zum erstenmal entsprochen. Der folgende Text des Gedichts bringt somit gegenüber der Artemis-Gedenkausgabe eine neue, syntaktisch stimmige Fassung der Strophe XVIII, einen neuen Text in Z. 72 sowie die von Sachse überzeugend begründeten Synkopierungen in den Zeilen 31, 62, 71, 135, 146, 159 und 169. Darüber hinaus gebe ich in Z. 12, 108, 172, in Übereinstimmung mit H[1] der Großschreibung, also „Sie", „Jener", „Dir", den Vorzug; ebenso in Z. 16 „Ihr", wie schon die WA aber nicht die AGA setzte. Die seit Hirzel übliche Sperrung von „Pflicht" und „Liebe" in der Schlußzeile wird hier nach H[1] wieder rückgängig gemacht. Die Rechtschreibung folgt dem heutigen Brauch, dem Grundsatz der WA entsprechend, der dort allerdings nicht konsequent befolgt wird; in diesem Sinne wird auch in Z. 141 „betriegst" zu „betrügst" modernisiert. In einigen Fällen, in denen ich die Abweichung für unbegründet halte, wird auf die Interpunktion von H[1] zurückgegriffen.

Das Tagebuch *

– aliam tenui, sed iam quum gaudia adirem,
Admonuit dominae deseruitque Venus. **

I

Wir hören's oft und glauben's wohl am Ende:
Das Menschenherz sei ewig unergründlich,
Und wie man auch sich hin und wider wende,
So sei der Christe wie der Heide sündlich.
5 Das Beste bleibt, wir geben uns die Hände
Und nehmen's mit der Lehre nicht empfindlich;
Denn zeigt sich auch ein Dämon, uns versuchend,
So waltet was, gerettet ist die Tugend.

---

* In der beider überlieferter Handschriften des Gedichts lautet der
Titel vollständig: „Das Tagebuch./ 1810." Die Jahresangabe war
also, jedenfalls für Goethe, Teil des Titels.
** Das Motto stammt aus einer Elegie des römischen Dichters Albius
Tibullus (I, 5, V. 39 f.). Goethe läßt das Adverb saepe (= oft) zu
Beginn der zitierten Zeilen aus, wie denn überhaupt der Kontext, in
dem diese Zeilen in Tibulls Gedicht stehen, nicht beachtet wird, um
so eine nähere Entsprechung zur Situation seines eigenen Gedichts
herzustellen. Andererseits jedoch geht er in der Deutung der Rolle
der abwesenden Herrin und Gattin ganz andere Wege. Das Tibull-
Motto, das als ein integraler Bestandteil des Gedichts zu begreifen
ist, heißt übersetzt: Oft hab ich eine andre in den Armen gehalten,
doch kaum begann ich die Freuden zu genießen, da machte mich
Venus an meine Herrin denken und ließ mich im Stich.

II

Von meiner Trauten lange Zeit entfernet,
Wie's öfters geht, nach irdischem Gewinne,   10
Und was ich auch gewonnen und gelernet,
So hatt ich doch nur immer Sie im Sinne;
Und wie zu Nacht der Himmel erst sich sternet,
Erinnrung uns umleuchtet ferner Minne:
So ward im Federzug des Tags Ereignis   15
Mit süßen Worten Ihr ein freundlich Gleichnis.

III

Ich eilte nun zurück. Zerbrochen sollte
Mein Wagen mich noch eine Nacht verspäten;
Schon dacht ich mich, wie ich zu Hause rollte,
Allein da war Geduld und Werk vonnöten.   20
Und wie ich auch mit Schmied und Wagner tollte,
Sie hämmerten, verschmähten viel zu reden.
Ein jedes Handwerk hat nun seine Schnurren.
Was blieb mir nun? Zu weilen und zu murren.

10 *nach irdischem Gewinne,* sinngemäß zu ergänzen: jagend.
13 *sich sternet,* ungewöhnlicher, bei Goethe nur hier belegter Wortge-
   brauch: sich mit Sternen überziehen.
16 Die Großschreibung von *Ihr* nach H¹ und WA; sie korrespondiert
   zu *Sie* (Z. 12) und wohl auch *Jener* (Z. 108).
23 *Schnurren:* Eigenheiten.

IV

25 So stand ich nun! Der Stern des nächsten Schildes
    Berief mich hin, die Wohnung schien erträglich.
    Ein Mädchen kam, des seltensten Gebildes,
    Das Licht erleuchtend. Mir ward gleich behäglich.
    Hausflur und Treppe sah ich als ein Mildes,
30 Die Zimmerchen erfreuten mich unsäglich.
    Den sündgen Menschen, der im Freien schwebet –
    Die Schönheit spinnt, sie ist's die ihn umwebet.

V

    Nun setzt ich mich zu meiner Tasch und Briefen
    Und meines Tagebuchs Genauigkeiten,
35 Um so wie sonst, wenn alle Menschen schliefen,
    Mir und der Trauten Freude zu bereiten;
    Doch weiß ich nicht, die Tintenworte liefen
    Nicht so wie sonst in alle Kleinigkeiten:
    Das Mädchen kam, des Abendessens Bürde
40 Verteilte sie gewandt mit Gruß und Würde.

31 *im Freien*, hier wohl: auf Reisen.
45 *befiedert:* mit Federn versehen, beschwingt.

VI

Sie geht und kommt; ich spreche, sie erwidert.
Mit jedem Wort erscheint sie mir geschmückter.
Und wie sie leicht mir nun das Huhn zergliedert,
Bewegend Hand und Arm, geschickt, geschickter –
Was auch das tolle Zeug in uns befiedert,   45
Genug ich bin verworrner, bin verrückter,
Den Stuhl umwerfend spring ich auf und fasse
Das schöne Kind; sie lispelt: Lasse, lasse!

VII

Die Muhme drunten lauscht, ein alter Drache,
Sie zählt bedächtig des Geschäfts Minute;   50
Sie denkt sich unten, was ich oben mache,
Bei jedem Zögern schwenkt sie frisch die Rute.
Doch schließe deine Türe nicht und wache,
So kommt die Mitternacht uns wohl zu Gute.
Rasch meinem Arm entwindet sie die Glieder,   55
Und eilet fort und kommt nur dienend wieder.

VIII

Doch blickend auch! so daß aus jedem Blicke
Sich himmlisches Versprechen mir entfaltet.
Den stillen Seufzer drängt sie nicht zurücke,
Der ihren Busen herrlicher gestaltet.   60
Ich sehe, daß am Ohr, um Hals und Gnicke
Der flüchtgen Röte Liebesblüte waltet,
Und da sie nichts zu leisten weiter findet,
Geht sie und zögert, sieht sich um, verschwindet.

IX

65 Der Mitternacht gehören Haus und Straßen,
Mir ist ein weites Lager aufbereitet,
Wovon den kleinsten Teil mir anzumaßen
Die Liebe rät, die alles wohl bereitet.
Ich zaudre noch, die Kerzen auszublasen,
70 Nun hör ich sie, wie leise sie auch gleitet,
Mit giergem Blick die Hochgestalt umschweif ich,
Sie legt sich bei, die Wohlgestalt ergreif ich.

X

Sie macht sich los: Vergönne, daß ich rede,
Damit ich dir nicht völlig fremd gehöre.
75 Der Schein ist wider mich, sonst war ich blöde,
Stets gegen Männer setzt ich mich zur Wehre.
Mich nennt die Stadt, mich nennt die Gegend spröde;
Nun aber weiß ich, wie das Herz sich kehre:
Du bist mein Sieger, laß dich's nicht verdrießen,
80 Ich sah, ich liebte, schwur dich zu genießen.

---

72 *sie legt sich bei,* nach H³. Eine sonst nicht belegte reflexive Form von
beilegen: „zu einem legen, namentlich zum beischlaf" (Grimm,
Deutsches Wörterbuch). Vgl. auch *beiliegen:* „zur Fortpflanzung seines Geschlechts bei einer Person liegen" (J. H. Campe, *Wörterbuch
der deutschen Sprache,* 1807).
75 *blöde,* hier in der älteren Bedeutung von: schüchtern.

XI

Du hast mich rein, und wenn ich's besser wüßte,
So gäb ich's dir, ich tue was ich sage.
So schließt sie mich an ihre süßen Brüste,
Als ob ihr nur an meiner Brust behage.
Und wie ich Mund und Aug und Stirne küßte,   85
So war ich doch in wunderbarer Lage:
Denn der so hitzig sonst den Meister spielet,
Weicht schülerhaft zurück und abgekühlet.

XII

Ihr scheint ein süßes Wort, ein Kuß zu gnügen,
Als wär es alles was ihr Herz begehrte.   90
Wie keusch sie mir, mit liebevollem Fügen,
Des süßen Körpers Fülleform gewährte!
Entzückt und froh in allen ihren Zügen
Und ruhig dann, als wenn sie nichts entbehrte,
So ruh ich auch, gefällig sie beschauend,   95
Noch auf den Meister hoffend und vertrauend.

---

82 *So gäb ich's dir:* so würde ich es zugeben.
81 *Du hast mich rein,* nach H³; von Goethe geändert aus: Nun hast du
    mich.
87 *Meister,* hier: Penis; ähnlich *Meister Iste* (Z. 153). Vgl. auch den
    doppelsinnigen Gebrauch von *Meister* in dem Gedicht *Amor als*
    Landschaftsmaler (Z. 51).

XIII

Doch als ich länger mein Geschick bedachte,
Von tausend Flüchen mir die Seele kochte,
Mich selbst verwünschend, grinsend mich belachte,
100   Nichts besser ward, wie ich auch zaudern mochte:
Da lag sie schlafend, schöner als sie wachte;
Die Lichter dämmerten mit langem Dochte.
Der Tages-Arbeit, jugendlicher Mühe
Gesellt sich gern der Schlaf und nie zu frühe.

XIV

105   So lag sie himmlisch an bequemer Stelle,
Als wenn das Lager ihr allein gehörte,
Und an die Wand gedrückt, gequetscht zur Hölle,
Ohnmächtig Jener, dem sie nichts verwehrte.
Vom Schlangenbisse fällt zunächst der Quelle
110   Ein Wandrer so, den schon der Durst verzehrte.
Sie atmet lieblich holdem Traum entgegen;
Er hält den Atem, sie nicht aufzuregen.

XV

Gefaßt bei dem, was ihm noch nie begegnet,
Spricht er zu sich: So mußt du doch erfahren,
Warum der Bräutigam sich kreuzt und segnet,   115
Vor Nestelknüpfen scheu sich zu bewahren.
Weit lieber da, wo's Hellebarden regnet,
Als hier im Schimpf! So war es nicht vor Jahren,
Als deine Herrin dir zum ersten Male
Vors Auge trat im prachterhellten Saale.   120

XVI

Da quoll dein Herz, da quollen deine Sinnen,
So daß der ganze Mensch entzückt sich regte.
Zum raschen Tanze trugst du sie von hinnen,
Die kaum der Arm und schon der Busen hegte,
Als wolltest du dir selbst sie abgewinnen;   125
Vervielfacht war, was sich für sie bewegte:
Verstand und Witz und alle Lebensgeister
Und rascher als die andern jener Meister.

116 *Nestelknüpfen:* „Zusammenknüpfen von Kleidungsstücken durch
   eine Nestel (= rotes Band) als abergläubischer Brauch, durch den
   man jemand zeugungsunfähig zu machen glaubte." (Paul Fischer,
   Goethe-Wortschatz, 1929).
119 *Herrin*, entspricht dem lateinischen Begriff der *domina;* vgl. das
   Tibull – Motto.
125 *Als wolltest du dir selbst sie abgewinnen*, ein eigentlich widersinni-
   ger Gedanke, hier als Ausdruck des ungestümen Verlangens zu
   werten.

XVII

So immerfort wuchs Neigung und Begierde,
130 Brautleute wurden wir im frühen Jahre,
Sie selbst das Maien schönste Blum und Zierde;
Wie wuchs die Kraft zur Lust im jungen Paare!
Und als ich endlich sie zur Kirche führte:
Gesteh ich's nur, vor Priester und Altare,
135 Vor deinem Jammerkreuz, blutrünstger Christe,
Verzeih mir's Gott! es regte sich der Iste.

135 *blutrünstger Christe,* ursprünglich blutströmiger, von Goethe in
H[1] verbessert zu blutstriemiger, und dann darunter zu blutrünst-
ger; so auch in H[3]. *Blutrünstig* ist hier in seiner ursprünglichen
Bedeutung von „blutig wund" zu verstehen; es bezeichnet eine
Wunde, von der das Blut rinnt (Duden, *Das große Wörterbuch der
deutschen Sprache,* 1976). Ein blutrünstiger Christ ist also zu verstehen als eine bildliche oder figürliche Darstellung Christi, die ihn
mit rinnendem oder geronnenem Blut vorstellt. Das Wort ist bei
Goethe nur hier belegt. – H. Sachse (S. 294, 297) hält auch die von
K. Holtei überlieferte, entschärfte Fassung der Z. 135: „Vor dei-
nem Kreuze selbst, o Jesu Christe," für eine authentische Lesart.
136 *der Iste:* der Penis. Eine Neuprägung Goethes nach dem lateini-
schen *iste* (= jener); vgl. auch die Verwendung von *Jener* in Z. 108.
Zu der akuten Sprachnot, nicht nur Goethes, bei der poetischen
Benennung des männlichen Gliedes vgl. Goethes Epigramm von
1790:
Gib mir statt „Der Schwanz" ein ander Wort, o Priapus,
Denn ich Deutscher, ich bin übel als Dichter geplagt.
Griechisch nenn ich dich *phallos,* das klänge doch prächtig den
Ohren,
Und lateinisch ist auch *mentula* leidlich ein Wort.
Mentula käme von *mens,* der Schwanz ist etwas von hinten,
Und nach hinten war mir niemals ein froher Genuß.

XVIII

Und ihr, der Brautnacht reiche Bettgehänge,
Ihr Pfühle, die sich uns so breit erstreckten,
Ihr Teppiche, die Lieb und Lustgedränge
Mit seidenweichen Fittichen bedeckten,   140
Ihr Käfigvögel, deren Zwitschersänge
Zu neuer Lust und nie zu früh uns weckten,
Ihr kanntet uns, von eurem Schutz umfriedet,
Teilnehmend sie, mich immer unermüdet.

XIX

Und wie wir oft sodann im Raub genossen   145
Nach Buhlenart des Ehstands heilge Rechte,
Von reifer Saat umwogt, vom Rohr umschlossen,
An manchem Unort, wo ich's mich erfrechte,
Wir waren augenblicklich, unverdrossen
Und wiederholt bedient vom braven Knechte!   150
Verfluchter Knecht, wie unerwecklich liegst du!
Und deinen Herrn ums schönste Glück betrügst du.

147 *vom Rohr umschlossen,* vgl. dasselbe Motiv in dem Gedicht *Die
glücklichen Gatten* (Z. 32).
148 *Unort:* ungehöriger, unpassender Ort; bei Goethe nur hier belegt.

XX

Doch Meister Iste hat nun seine Grillen
Und läßt sich nicht befehlen noch verachten,
155 Auf einmal ist er da, und ganz im stillen
Erhebt er sich zu allen seinen Prachten.
So steht er nun dem Wandrer ganz zu Willen,
Nicht lechzend mehr am Quell zu übernachten.
Er neigt sich hin, er will die Schläfrin küssen,
160 Allein er stockt, er fühlt sich weggerissen.

XXI

Wer hat zur Kraft ihn wieder aufgestählet,
Als jenes Bild, das ihm auf ewig teuer,
Mit dem er sich in Jugendlust vermählet?
Dort leuchtet her ein frisch erquicklich Feuer,
165 Und wie er erst in Ohnmacht sich gequälet,
So wird nun hier dem Starken nicht geheuer.
Er schaudert weg, vorsichtig, leise, leise
Entzieht er sich dem holden Zauberkreise,

XXII

Sitzt, schreibt: Ich nahte mich der heimschen Pforte,
170 Entfernen wollten mich die letzten Stunden,
Da hab ich nun, am sonderbarsten Orte,
Mein treues Herz aufs neue Dir verbunden.
Zum Schlusse findest du geheime Worte:
D i e   K r a n k h e i t   e r s t   b e w ä h r e t   d e n   G e s u n d e n
175 Dies Büchlein soll dir manches Gute zeigen,
Das Beste nur muß ich zuletzt verschweigen.

---

161 *aufgestählet*, Neuprägung Goethes, nur hier belegt.

XXIII

Da kräht der Hahn. Das Mädchen schnell entwindet
Der Decke sich und wirft sich rasch ins Mieder.
Und da sie sich so seltsam wiederfindet,
So stutzt sie, blickt und schlägt die Augen nieder – 180
Und da sie ihm zum letzten Mal verschwindet,
Im Auge bleiben ihm die schönen Glieder:
Das Posthorn tönt, er wirft sich in den Wagen
Und läßt getrost sich zu der Liebsten tragen.

XXIV

Und weil zuletzt bei jeder Dichtungsweise   185
Moralien uns ernstlich fördern sollen,
So will auch ich in so beliebtem Gleise
Euch gern bekennen, was die Verse wollen:
Wir stolpern wohl auf unsrer Lebensreise,
Und doch vermögen in der Welt, der tollen,   190
Zwei Hebel viel aufs irdische Getriebe:
Sehr viel die Pflicht, unendlich mehr die Liebe.

---

192 *Pflicht,* hier wohl in der älteren Bedeutung von Treuegelöbnis und
Ehebündnis, die in der Goethezeit noch geläufig war (Grimm,
Deutsches Wörterbuch) und sich bei Goethe an verschiedenen Stel-
len nachweisen läßt.

III. *Das Tagebuch:* der Schreibakt und der Liebesakt.

1. Struktur

Groß und prächtig ist die Form dieses Gedichts. Vierundzwanzig Strophen sind zu einem sorgfältig strukturierten und ausgewogenen Gebilde gefügt, das im Umfang ein Hauptwerk der lyrischen Produktion Goethes wie die *Marienbader Elegie* noch übertrifft und dieser in seinem inneren Beziehungsreichtum nur wenig nachsteht. Als Strophenform hat Goethe die im Deutschen seltene, weil schwierige achtzeilige Stanze gewählt. Diese *Ottave rime,* die besonders durch Ariost verbreitet war, verlangt elfsilbige Zeilen mit jeweils klingenden Reimen, die streng dem zweiteiligen Schema ab, ab, ab, cc zu folgen haben. Mit Recht ist die *Ottave rime* eine „Fürstin unter den Strophenformen" genannt worden.[1] Goethe hat nur aus besonderen Anlässen zu ihr gegriffen: in den humanitätsphilosophischen Fragmenten *Die Geheimnisse* (1784), in der dazugehörigen Selbstreflexion auf das eigene Dichten in *Zueignung* (1784), in dem feierlich ergriffenen *Epilog zu Schillers Glocke* (1805) sowie in *Urworte. Orphisch* (1817). Unter diesen großen Gedichten zeichnet sich *Das Tagebuch* durch seine Formstrenge aus. Es folgt strikt dem italienischen Muster mit durchgehend elfsilbigen Zeilen und weiblichen Reimen, während sich Goethe sonst zu dem im Deutschen üblichen Wechsel von zehn- und elfsilbigen Zeilen bequemte.

Der poetische Aufwand, der hier getrieben wird, läßt sogleich aufmerken. Der Leser wundert sich, welchen Sinn es haben mag, ein Gedicht, das nach Goethes eigenem Urteil zu wahr und natürlich war, um veröffentlicht zu werden, eine so strenge und künstliche Form zu geben. Eine Antwort darauf wird sich erst nach einer eingehenden Betrachtung des Gedichts ergeben. So viel läßt sich jedoch schon hier bemerken: *Das Tagebuch* gehört aufgrund seiner sehr anspruchsvollen Strophenform in die Gesellschaft der gewichtigsten Produktionen Goethes – Gedichten, in denen er höchste und intimste Dinge behandelte.

Oberflächlich betrachtet haben wir es hier mit einer Art Verserzählung zu tun, die ein erotisches Abenteuer zum Inhalt hat – einer sogenannten galanten Novelle also. Wir wissen, daß sich Goethe anfänglich in der Tat am Typus der galanten Novelle orientiert hat, genauer gesagt, an den *Novelle galanti in Ottaverime* (1793, 1803) des Abbate Giambattista Casti. In der *Italienischen Reise* berichtet Goethe, wie er den erfolgreichen, in ganz Europa geschätzten Abbate in Rom persönlich kennenlernte. Als er sich mit dem *Tagebuch* näher zu beschäftigen begann, schwebte ihm zunächst „eine Geschichte im Castischen Stil und Sinne" vor – so jedenfalls lautet die früheste Notiz, die die Entstehung des Gedichts dokumentiert, in Goethes Tagebuch (30. August, 1808). Die völlig bewußte und gezielte Anknüpfung an diesen Typ von erotischer Erzählung läßt jedoch schon erkennen, daß er ihre äußere Form als Vehikel für etwas anderes suchte und brauchte. Das bestätigt sich denn auch schon bei der ersten aufmerksamen Lektüre des Gedichts. Sie läßt keinen Zweifel daran, daß Goethe mit dem Genre der galanten Novelle ein ironisches Spiel treibt und sich von deren moralisierenden Anliegen und Konventionen distanziert, gerade in dem er sie zu imitieren vorgibt. An diesem Befund ändert auch die Charakterisierung des *Tagebuchs* als „erotisch – moralisch" nichts, die Goethe in den *Tag- und Jahresheften* für das Jahr 1810 gegeben hat. Es wäre völlig irreführend, daraus auf die Intentionen Goethes zu schließen. Diese Etikettierung bezeichnet die äußerliche Genrezugehörigkeit des Werks und sagt nichts über seinen Sinn aus.

Das ironische Verhältnis des *Tagebuchs* zum Typ der galanten Novelle ist am deutlichsten an der Schlußstrophe abzulesen. Hier, so scheint es, wird ganz konventionell eine „Moral von der Geschicht" angeboten:

> Und weil zuletzt bei jeder Dichtungsweise
> Moralien uns ernstlich fördern sollen,
> So will auch ich in so beliebtem Gleise
> Euch gern bekennen, was die Verse wollen:
> Wir stolpern wohl auf unsrer Lebensreise,
> Und doch vermögen in der Welt, der tollen,
> Zwei Hebel viel aufs irdische Getriebe:
> Sehr viel die Pflicht, unendlich mehr die Liebe.

Es hat den Anschein, als enthalte diese Strophe das Fazit des ganzen Gedichts. So hat es Siegfried Unseld aufgefaßt, der die abschließende Sentenz von der Pflicht und der Liebe beim Wort nimmt, wobei er Liebe im Sinne des Paulinischen „Liebe deinen Nächsten wie dich selbst" und als Appell zu Brüderlichkeit und Zärtlichkeit deutet, während er unter Pflicht eine verwerfliche Verpflichtung zur sexuellen Leistung versteht.[2] Eine solche ungebrochen moralische Interpretation vermag jedoch nicht zu überzeugen, weil sie sich über die in den Text eingeschriebenen Widerrufe seiner eigenen Aussage zu sorglos hinwegsetzt. So fällt es etwa schwer zu glauben, daß dieses Gedicht mit seiner berüchtigten Blasphemie gegen das Kreuz schließlich den Geist der Paulinischen Nächstenliebe verkünden soll. Auch die sehr eigenwillige Deutung von „Pflicht" paßt nicht zu dem Verhältnis des Mannes zu dem jungen Mädchen. Vor allem aber darf eine Sentenz, von der sich der Dichter durch die abschät-

48

zig klingenden Vokabel „Moralien" und „Dichtungsweise" selbst etwas distanziert, nicht für bare Münze genommen werden. Eine Sentenz, die so demonstrativ daher-
kommt wie am Ende dieses Gedichts, will gar nicht ernst-
genommen werden. Im übrigen hat Goethe natürlich
nicht im Ernst geglaubt, daß Gedichte eine Moral haben
sollen; schon der erste Interpret des *Tagebuchs*, Johannes
Niejahr, hatte die Schlußstrophe als Ironie und Maske
durchschaut.[3]

Wie so oft in Goethes Schaffen handelt auch *Das Tagebuch* nicht von dem, wovon zu handeln es vorgibt: den
Imponderabilien des männlichen Sexuallebens und der
Rolle, die „Pflicht" und „Liebe" darin spielen. Wovon
dieses Gedicht im tiefsten handelt, wird erst dann zu erkennen sein, wenn der novellistisch aufbereitete Ereignis-
zusammenhang, der doch nur das Vehikel darstellt für
den verborgenen poetischen Gedanken, aufgebrochen ist
und der Sinn des Gedichts nicht mehr aus dem versöhnlichen Verlauf des erotischen Abenteuers, sondern aus
seiner inneren Struktur abgeleitet wird.

Das zunächst auffälligste, äußere Strukturmerkmal ist
wohl darin zu erblicken, daß die letzte Strophe in einem
klar erkennbaren Bezug zur ersten steht. Sie bilden zusammen einen Rahmen, der, wie alle Rahmen, die Sehweise des Betrachters entscheidend bestimmt. Sobald dieser aus der Novellistik vertraute Kunstgriff erkannt ist,
läßt sich desweiteren sehen, daß das Gedicht eigentlich
einen zweiten Rahmen besitzt; denn neben dem äußeren
Rahmen, Strophe I und XXIV, stehen auch die Strophen II und III in einem Bezugsverhältnis zu den entsprechenden Strophen am Ende des Gedichts, Strophe XXII und XXIII. Diese Erkenntnis legt nun ihrer-
seits die Vermutung nahe, daß das ganze Werk symmetrisch angelegt ist.

49

Zunächst zum äußeren Rahmen. Die beiden Eckstrophen sind von den übrigen Teilen des Gedichts dadurch abgehoben, daß dort – und nur dort – eine Bezugnahme zum Leser und Hörer vorliegt. Die Personalpronomina „wir" (Z. 1) und „euch" (Z. 188) suggerieren ein Einvernehmen des Erzählers mit dem Leser in zwei Punkten: der Unergründlichkeit des Menschenherzen und der Überlegenheit der „Liebe" über die „Pflicht." Doch dieses Einvernehmen beruht auf Ironie und Spiel; es wird von einem Dichter hergestellt, der unglaubwürdigerweise versichert, daß er sich gerne der „beliebten" Gewohnheit des „fabula docet" anschließe. Bekanntlich hat Goethe solche „Dichtungsweisen" nicht sehr hoch geschätzt, wie ihm überhaupt alles Moralisieren in der Dichtung zuwider war. Doch der Unstimmigkeiten sind noch mehr. Genau betrachtet will nämlich die Moral, wenn es eine wäre, nicht recht zu der Geschichte passen, die sie illustrieren soll. Weder steht die Begegnung mit der schönen Kellnerin irgendwie im Zeichen einer „Pflicht," noch genügt der Begriff der „Liebe," sei es nun die Nächstenliebe oder die eheliche Liebe, zur Erklärung jenes Vorgangs, der im zweiten Teil des Gedichts die Lösung herbeiführt und der in die voreheliche Zeit zurückreicht. Darüber hinaus weist die abschließende Sentenz keinen überzeugenden Bezug zu dem anfangs genannten Thema auf. Denn wenn die Gattenliebe, die in der Schlußzeile möglicherweise gemeint ist, wirklich die „Tugend" salviert, wenn sie gleichsam einen Schutz darstellt gegen den Dämon Eros, so wird damit der Satz von der Unergründlichkeit des dem Dämonischen offenen Menschenherzens wieder bagatellisiert. So bringen die beiden Schlußzeilen das Thema der ersten Strophe zu keinem befriedigenden Abschluß. Möglicherweise haben wir es hier mit einem jener absichtlichen Additionsfehler zu tun, wie ihn Goethe am

Ende von *Wilhelm Meisters Lehrjahren* beging. Goethe hatte den ironischen Schluß des Romans gegen Schiller zu verteidigen und zwar als Wesensmerkmal seiner „realistischen" Dichtungsweise, die nicht auf gedankliche Summen und moralische Schlüsse zielt. Ein solches absichtliches Understatement mag auch hier vorliegen.

Da nun die beiden Teile des äußeren Rahmens nicht fugenlos ineinandergreifen wie Problem und Auflösung, Frage und Antwort, ist der Leser aufgefordert, den eigentlichen Bezugsrahmen des Gedichts, der die einzelnen Elemente in einen sinnvollen Zusammenhang stellt, selbst zu entdecken. Das aber heißt: die innere Organisation des Gedichts so detailliert wie möglich sichtbar zu machen. Grundlegend dafür ist die Erkenntnis, daß dem Gedicht ein zweiter Rahmen mitgegeben ist, der dem erotischen Thema eine neue, symbolische Bezugsebene eröffnet. Damit wird dem Abenteuer mit der schönen Kellnerin, in dem man den Hauptgegenstand des *Tagebuchs* zu erblicken gewohnt ist, eine tiefere, symbolische Bedeutung zugeschrieben, auf die bereits der Titel verweist.

Der Titel des Gedichts beginnt sich zuerst in Strophe II zu erhellen. Das angekündigte Tagebuch ist offensichtlich ein Reisetagebuch, in dem der Reisende, im Gedenken an die zu Hause verbliebene „Traute," seine Eindrücke von dem tags zuvor Erlebten festhält. Auf längeren Reisen hat Goethe stets ein solches Reisetagebuch geführt. Bezeichnenderweise spielt ein Reisetagebuch auch in *Wilhelm Meisters Lehrjahren* und in den *Wanderjahren* eine gewisse Rolle. Bei dem Reisenden hier handelt es sich offenbar um einen sprachmächtigen und meisterhaften Tagebuchschreiber, denn die „süßen Worte" und das „freundlich Gleichnis" (Z. 16) gehen ihm leicht von der Hand. Dieser Schreiber ist sich seines Schreibens so sicher, weil „Erinnrung" „ferner Minne" ihn „umleuchtet" (Z. 14). Reisen, Lieben und Schreiben stehen hier in einem noch ungestörten, harmonischen Verhältnis. Durch den Vergleich mit dem bestirnten Nachthimmel, der bei Goethe oft eine höchste, fast religiöse Erfahrung anzeigt, wird der erinnerten Liebe eine Energie von geradezu kosmischen Dimensionen zuerkannt. Sie findet in dem Bild des Leuchtens ihren poetisch intensivsten Ausdruck. Eben dieses Bild der leuchtenden Minne wird an zwei entscheidenden Stellen wieder aufgenommen: bei der ersten Begegnung mit dem Mädchen (Z. 28) und auf dem Höhepunkt des Gedichts (Z. 164).

Die in der zweiten Strophe evozierte ideale Einheit von „Lebensreise," „Minne" und Tagebuchschreiben erfährt in der nächsten ihre erste Störung. Sie kündigt sich schon in der ersten Zeile in einer Zäsur an, der ersten des ganzen Gedichts. Es ist das Reisen, das zuerst ins Stocken gerät. Ein Unfall zwingt den Reisenden kurz vor der Heimkehr zu einer weiteren Übernachtung. Diese unerwartete Verlängerung der Reise erfordert einen weiteren Eintrag im Tagebuch. Doch mit dem Verkehrsunfall hat es eine merkwürdige, man ist versucht zu sagen: dämonische Bewandtnis, die in den folgenden Strophen nur allzu manifest wird: dem Stocken der Reise folgt eine Stockung auch des Schreib- und Liebesvermögens.

Die beiden Strophen des inneren Rahmens am Anfang finden ihre Entsprechung am Ende des Gedichts, allerdings mit einer kleinen Abweichung vom Schema einer starren Symmetrie. Strophe XXII knüpft an Strophe II an; beide handeln vom Tagebuchschreiben. Und Strophe III, die von dem Unfall berichtet und der Ankunft am Ort des Abenteuers, schließt sich zwanglos an Strophe XXIII an, die den stummen Abschied von der Schönen schildert. Woher aber die tiefe Heiterkeit rührt, die den Schluß des Gedichts durchflutet, und was den heimkehrenden Abenteurer so bewundernswert „getrost" (Z. 184) seiner „Liebsten" entgegenfahren läßt, das wird sich erst dann ganz ermessen lassen, wenn die Tiefe der Krise einsichtig geworden ist, deren Überwindung das eigentliche Geheimnis und den psychologischen Kern dieses Gedichts ausmacht.

Indessen kann die strukturelle Funktion dieses zweiten, inneren Rahmens, in den die Erzählung des erotischen Abenteuers eingelassen ist, nicht nachdrücklich genug betont werden. Dieser zweite Rahmen entfaltet den Sinnhorizont, auf den das erotische Erlebnis bezogen werden will: die Problematik des Tagebuchschreibens und poetischen Rechenschaftablegens und somit des Schreibens schlechthin. So wird durch die Struktur des Gedichts die Intimität des erotischen Abenteuers in Beziehung gesetzt zur Intimität des Tagebuchschreibens. Eben darin ist die Originalität und Kühnheit dieser Konzeption zu erblicken, die es verständlich machen, daß Goethe glaubte, in diesem Gedicht „das Beste" gestaltet zu haben. Deshalb greift jede Deutung, die die Kühnheit des *Tagebuchs* allein in der schönen Unbefangenheit gegenüber der Sexualität und dem Problem der Impotenz anerkennen will, viel zu kurz. Die eigentliche poetische Leistung dieses Gedichts liegt vielmehr in seiner Struktur und Konzeption, durch die Schreibakt und Liebesakt in eine ebenso verblüffende wie erhellende Beziehung gebracht werden.

Die Erzählung des erotischen Abenteuers ist somit den achtzehn Strophen des mittleren Teils anvertraut. Es läßt sich nun sogleich bemerken, daß die Schilderung des Mädchens und der erotischen Begegnung der beiden praktisch auf die erste Hälfte des Mittelteils beschränkt bleibt und dessen zweite Hälfte im wesentlichen dem Er innern gewidmet ist, dem schmerzlichen, schließlich jedoch erlösenden Bedenken des „Geschicks" (Z. 97), das den Mann befallen hat. Die Trennungslinie zwischen dem ersten Teil, der ganz von der berückenden Gegenwart des Mädchens beherrscht wird, und dem zweiten, der die abwesende Herrin beschwört, wird unostentativ aber wirkungsvoll von der schlichten Konjunktion „doch" markiert, mit der Strophe XIII beginnt. Dieses „doch" bezeichnet den Wendepunkt des inneren Geschehens und bildet die zentrale Achse, um die das ganze Gedicht angelegt ist. Daraus folgt, daß die zwei Teile des langen Mittelabschnitts in einem engen, gegensätzlichen Verhältnis zueinander stehen. Der erste Teil breitet eine rasch vorwärtsschreitende, zusammenhängende Erzählung aus, die auf eine Krise zusteuert, d. h. auf das Offenbarwerden eines Versagens. Der zweite Teil gestaltet die Überwindung dieser Krise durch das rückwärtsschreitende Erinnern einer anderen Form der Liebe. Der eine Teil wäre ohne den andern unverständlich. Und weiterhin läßt sich nun erkennen, daß das ganze Gedicht symmetrisch angeordnet ist, wobei sich folgendes Schema ergibt:

$$1 : 2 : 9 \quad 9 : 2 : 1$$

Angesichts einer so sorgfältig ausgearbeiteten Struktur sollte sich jeder Gedanke an einen in einer poetischen Mußestunde abgefaßten „priapeischen Scherz" von selbst verbieten. Es geht nicht an, *Das Tagebuch* als Gelegenheitswerk zu betrachten und als solches abzuwerten. Im Gegenteil, alle äußeren Anzeichen: die anspruchsvolle achtzeilige Stanze, die Großform der 24-strophigen Struktur sowie deren sorgfältig kalkulierte innere Ausgewogenheit, deuten darauf hin, daß dieses Gedicht, jedenfalls in den Augen Goethes, eine große, ihm teure Thematik gestaltet, die diesen Aufwand der poetischen Mittel nicht nur rechtfertigte, sondern erforderte.

2. Versagen

Die Erzählung des eigentlichen Abenteuers setzt mit Strophe IV ein. Die Situation des von dem Unfall betroffenen Reisenden wendet sich aufs erfreulichste zum Besseren. Nach den verdrießlichen und vergeblichen Verhandlungen mit Schmied und Wagner übt das Schild des anheimelnden Gasthofs zum Stern eine Trost und Ablenkung versprechende Anziehungskraft aus. Und wie ihm nun das Mädchen öffnet und die Zimmer des Gasthofs zeigt, teilt sich dem Gast sogleich ein tiefes Behagen mit. Dieser Umschlag von Verdruß zu Behagen – dem Codewort des alten Goethe für körperliches und seelisches Wohlbefinden schlechthin – wird ersichtlich von der wohltuenden Erscheinung des anziehenden Mädchens ausgelöst. Auf der Symbolebene spiegelt sich dieser Vorgang in der Geste des Lichtanzündens. Auffallenderweise verwendet Goethe das Verb „erleuchten" in transitiver Bedeutung, so daß eine enge Verbindung hergestellt wird zur zweiten Strophe, zu dem Vers: „Erinnrung uns umleuchtet ferner Minne" (Z. 14). Offenbar beginnt hier eine neue „Minne" aufzuleuchten, dem Reisenden noch unbewußt, dem Leser jedoch schon diskret signalisiert.

Das Behagen des Mannes wird nun schrittweise, doch sehr rasch zu unverhüllter Begierde angefacht. Goethe zeichnet diesen Vorgang mit großer Kennerschaft. Zunächst steigert die ungezierte Hin- und Widerrede des nun das Essen auftragenden Mädchens das Wohlbefinden des Gastes zum reinen Entzücken. Und als sie ihm gar mit feinem, geradezu klinischen Geschick das Huhn

„zergliedert" (Z. 43), ergreift die Begierde völlig Besitz von ihm:

> Den Stuhl umwerfend spring ich auf und fasse
> Das schöne Kind; sie lispelt: Lasse, lasse!

Der witzige Reim an dieser Stelle sowie das komödienhafte Detail des umgestoßenen Stuhles unterstreichen, daß die Erzählung dieses sexuellen Abenteuers von einem hohen Maß an Ironie ferngesteuert wird – Ironie gegenüber der etwas theatralischen, stürmischen Liebhaberrolle des offenbar nicht mehr jungen Mannes. Aus dieser Ironie spricht das gelassene Bewußtsein der Inkongruenz dieser Szene, der kein gutes Ende beschieden sein kann, trotz der geradezu traumhaft günstigen Wendung, die sie zunächst nimmt: das Mädchen verspricht ihm einen mitternächtlichen Besuch auf seinem Zimmer.

Bemerkenswerterweise ist es das Geschick dieser Kellnerin im Zergliedern und Vorlegen des Fleisches, durch das das Liebesverlangen des Mannes ausgelöst wird. Das verleiht seinem Begehren etwas Konkret-Taktiles und unterstreicht die unbeschwerte Sinnlichkeit des Geschehens. Gleichzeitig wird hier auch schon auf die untunliche Eile angespielt, die aus dem Begehren des Mannes spricht, und zwar in der parenthetischen Erklärung: „Was auch das tolle Zeug in uns befiedert" (Z. 45). Der Sinn dieser merkwürdigen Zeile ist nicht sogleich ersichtlich. Offenbar hat „befiedern" hier die Bedeutung von beschleunigen, in Bewegung bringen. Subjekt dazu ist das Relativpronomen „was," welches auf die Geste des Geflügelzerlegens zu beziehen ist, während die saloppe Wendung „das tolle Zeug in uns" als Objekt fungiert. Sie ist als Euphemismus für Sinnlichkeit, für Libido, aufzufassen und korrespondiert zu „der Welt, der tollen" (Z. 190) in der letzten Strophe. Mit anderen Worten: in der Welt und im Menschen, in Innenwelt wie Außenwelt, herrscht eine Tollheit, die sehr leicht zu entzünden ist und die nur eine bestimmte Art der Liebe meistern kann.

Offensichtlich ist eine solche Art der Liebe hier nicht im Entstehen begriffen. Ungeachtet der scheinbar so günstigen Vorzeichen ist das Scheitern des plötzlich erregten Liebesverlangens gleichsam vorprogrammiert; es kündigt sich bereits in Strophe V an. Nach der Ankunft im Gasthof und nach der Begegnung mit dem Mädchen versucht der Reisende, wie es seine Gewohnheit ist, die Ereignisse des Tages „mit süßen Worten" (Z. 16) festzuhalten. Doch dieser sonst täglich geübte Schreibakt will ihm nun nicht gelingen; die „Tintenworte" (Z. 37) fließen ihm nicht wie sonst aus der Feder. Dem Versagen des Liebesvermögens geht also eine Störung des Schreibvermögens voraus; zwischen beiden scheint eine geheime Verbindung zu bestehen. Der Leser gelangt hier zu der Ahnung, daß die sexuelle Impotenz, von der hier so behaglich und selbstironisch erzählt wird, als „freundlich Gleichnis" (Z. 16) aufzufassen ist für eine viel weiter reichende und bedrohlichere Impotenz: das Versagen als Schriftsteller. Dazu paßt es durchaus, daß Goethe die sexuelle Impotenz zuerst mit künstlertypologischen Begriffen vergegenwärtigt:

Denn der so hitzig sonst den Meister spielet,
Weicht schülerhaft zurück und abgekühlet. (Z. 87 f.)

Nur beiläufig wird hier also angedeutet, was der Erzähler, der so ironisch von seinem Versagen als Liebender berichtet, mit dieser Ironie wieder zu kaschieren scheint: seine Furcht, auch als Schreibender zu versagen. Wir rühren hier wohl an die geheimste Motivation, die Goehte zu diesem Gedicht inspiriert haben mag: der der Meisterschaft mächtige Schriftsteller wird sich der Möglichkeit und somit seiner Furcht vor dem Rückfall auf die Stufe des Schülers und Dilettanten inne und versucht, diese Furcht im Gedicht zu bannen. Für einen, der sein Leben lang – *nulla dies sine linea* – versucht hat, des „Tags Ereignis" schreibend zu bewältigen, würde das stets drohende Versagen des Schreibvermögens ein viel fataleres Vorkommnis bedeuten als eine momentane Unfähigkeit zum Liebesakt. Das macht die Zartheit verständlich, mit der hier der Gedanke an eine mögliche künstlerische Impotenz umspielt wird. Es erklärt aber auch die psychologische Eindringlichkeit, mit der Goethe im zweiten Teil des Gedichts die Heilung der Impotenz vergegenwärtigt, sich ihrer gleichsam versichert.

Die Gründe seines Versagens als Liebhaber sind dem Manne nichts weniger als klar. Auch dem Leser erschließt sich die „Erklärung" des Versagens erst im weiteren Verlauf des Gedichts. Man wird sie jedoch nicht in Äußerlichkeiten suchen wollen wie der Müdigkeit des Gastes oder, wie man spekuliert hat, in dem von den brennenden Kerzen reduzierten Sauerstoffgehalt im Zimmer! Die Gründe liegen in einer tiefen Schicht der Psyche dieses Tagebuchschreibers, in die wir erst später Einblick erhalten.

Abwegig wäre es natürlich auch, dem Mädchen – etwa aufgrund ihrer Unerfahrenheit – eine Schuld an der Kalamität des reisenden Schriftstellers zuzuschreiben. Goethe hat hier auf knappstem Raum das Miniaturbild einer jungen Frau gezeichnet, das sich der eindrucksvollen Reihe seiner Frauengestalten würdig an die Seite stellen läßt. Dieses Porträt atmet ganz den Geist einer moralinfreien Kennerschaft, die noch in dem, was der christlichen Moral als verwerflich gilt, die Geste einer nach Selbstbestimmung strebenden Humanität zu würdigen weiß. Ob man deshalb diese namenlose Mädchengestalt mit emanzipatorischen Tendenzen in Verbindung bringen kann, ist jedoch sehr zu bezweifeln. Unseld geht in diesem Punkt meines Erachtens zu weit: „Welch ein emanzipatorischer Akt dieses Mädchens! Sie selbst wählte sich das Objekt ihrer Liebe, sie übt Gleichheit aus, unterliegt also nicht repressiver Sozialstruktur ihrer Zeit, und hat dazu auch die Freiheit, ihre Wahl zu begründen, ihre Vorstellung zu realisieren.“[4] Damit wird dem jungen Mädchen ein ideologisches Gepäck aufgebürdet, für das diese wie mit dem Silberstift gezeichnete Figur zu zart erscheint. Näherliegend ist wohl die Verwandtschaft im Geiste mit der ebenfalls unverklemmten doch gänzlich unemanzipatorischen Philine aus *Wilhelm Meisters Lehrjahren*. Deren berühmtes Wort: „Und wenn ich dich lieb habe, was geht's dich an?“ findet hier ein leicht variiertes Echo: „Ich sah, ich liebte, schwur dich zu genießen“ (Z. 80).

Die außerordentliche Selbstsicherheit, die aus dieser Zeile spricht, muß zu denken geben. Bedenken regen sich vor allem gegen die eindeutige Auffassung dieses Mädchens als *virgo intacta*. Genau besehen haben wir nur ihr eigenes Wort dafür; die Geschichte eines Mädchens – möglicherweise einer Waisen –, die bei Verwandten in deren Gasthof Kellnerdienste verrichtet, die sich bisher gegen alle einschlägigen Anträge von Männern zur Wehr setzte, aber beim ersten Anblick des fremden Reisenden sogleich wußte, daß dieser ihr „Sieger“ (Z. 79) sein werde. Indem sie, die sich selbst als „spröde“ bezeichnet, dies sagt, so glatt und fast einstudiert, melden sich sogleich Zweifel an ihrer Geschichte. Zweifel regen sich im Leser vor allem, wenn sie dem ihr Fremden die mögliche Scheu vor ihrer Jungfrauschaft mit der kühlen Aufforderung auszureden sucht: „laß dich's nicht verdrießen“ (Z. 79). Auch sonst wird man geneigt sein, in der selbstsicheren

Freiheit, mit der sie sich dem Gast beilegt (Z. 72), eher ein Zeichen von Erfahrenheit als von sogenannter Unschuld zu erblicken.

Der Geist des *Tagebuchs* ist jedoch, trotz des quasi moralisierenden Schnörkels am Ende, so frei von engen moralischen Erwägungen, daß die Frage, ob Unschuld vom Lande oder erfahrene Frau nicht entschieden wird, nicht entschieden zu werden braucht. Denn das ausschlaggebende Moment für den Tagebuchschreiber wie für den Dichter ist ja nicht der moralische Status des Mädchens, sondern die lebensvolle Erscheinung ihres außerordentlich wohlgefälligen und anziehenden Wesens. Das Bild dieser Mädchengestalt ist von keinerlei moralischen Bedenken oder versteckten Denunziationen seitens des Erzählers getrübt. Sie existiert für ihn letztlich als ein ästhetisches Phänomen, das sich bezeichnenderweise am eindrucksvollsten dem Augensinn manifestiert. Von dem ersten Eindruck des die Lampe entzündenden Mädchens bis zu dem stummen, danklosen Abschied im Morgengrauen teilt sich das gegenseitige Wohlgefallen in erster Linie durch Blicke mit. Durch Blicke versichert sie dem zunächst abgewiesenen Mann, daß sie ihr Versprechen, das Lager mit ihm zu teilen, halten wird; mit „giergem Blick" (Z. 71) nimmt er erst von ihrem Körper Besitz, ja eigentlich nur mit Blicken; und ein stummer Blick verbindet die beiden noch einmal flüchtig beim morgendlichen Abschied, bevor sie ihm, jedenfalls körperlich, auf immer verschwindet – doch nicht ganz, denn:

Im Auge bleiben ihm die schönen Glieder. (Z. 182)

Was ihm bleibt, ist der Augentrost ihres schönen Körpers, ein Bild von Schönheit schlechthin. Erst an dieser Stelle enthüllt sich der Sinn jenes frühen, rätselhaften Zeilenpaares über die Schönheit:

Den sündgen Menschen, der im Freien schwebet –
Die Schönheit spinnt, sie ist's die ihn umwebet. (31 f)

Wir dürfen diese Zeilen wohl so deuten, daß ein Leben, das sich frei und offen hält für die Begegnung mit dem Neuen, den Lockungen der Schönheit folgt – einer Schönheit, die den Menschen wie mit einem Netz zu sich zieht. Das bestätigt die Beobachtung, daß diese namenlose, zufällig erblickte Mädchengestalt zuletzt ästhetisches Phänomen bleibt. Sie fungiert in diesem Gedicht als die konkrete, fast alltägliche Erscheinung des Schönen, als Schönheit in menschlicher und somit, wenn wir Goethes Gedanken in seinem Essay über Winckelmann folgen, in höchster Gestalt.

So ereignet sich das Versagen, von dem das Gedicht handelt, auf zwei Ebenen, einer sexuellen und ästhetischen. In dem reisenden Tagebuchschreiber, der vor einem jungen, zur Liebe bereiten Mädchen versagt, zeichnet sich auch das Versagen des Künstlers vor der Schönheit ab, die ihn „umwebet." Die momentane Impotenz verweist auf die Möglichkeit eines Versagens auch der geistigen Kreativität.

3. Erinnern

Mit dem Ende von Strophe XII ist die erste Hälfte des erotischen Abenteuers erzählt und ein gewisser Ruhepunkt erreicht. Der Liebesakt, auf den sich die Begegnung mit der Stern-Kellnerin unter den traumhaft günstigsten Voraussetzungen zubewegte, scheitert nicht anders als der in Strophe V versuchte Schreibakt. Gleichwohl scheint eine ruhige Zufriedenheit die beiden Liebenden zu erfüllen. Dem Mädchen genügen offenbar Zärtlichkeiten und süße Worte, „als wenn sie nichts entbehrte" (Z. 94). Der Mann hat sich mit dem Anblick ihres „süßen Körpers" (Z. 92) zu begnügen; im übrigen hofft und vertraut er noch auf „den Meister" (Z. 96). Ein unscheinbares „doch" zu Beginn der nächsten Strophe und exakt in der Mitte des ganzen Gedichts, kehrt nun plötzlich die Innenseite seiner Verfassung nach außen: Wut, Frustration und Verzweiflung bezeichnen seine wahre Verfassung. Von diesem niedersten Punkt der inneren Entwicklung spannt sich ein weiter Bogen bis zu dem „in allen seinen Prachten" (Z. 156) wiedererstandenen, erigierten Glied. Mit der Wiedererlangung der ersehnten sexuellen Potenz in Strophe XX scheint ein gewisser Höhepunkt erreicht zu sein, jedenfalls auf der vordergründigen Erzähllebene. Doch der Mann weckt die inzwischen entschlummerte Schöne nicht; er versagt sich und ihr den Liebesakt. So enthüllt sich der eigentliche Höhepunkt dieser Liebesbegegnung erst in den darauf folgenden Strophen. Anders als in der ersten Hälfte des Gedichts setzt sich dieser zweite Erzählbogen von Strophe XIII bis XXI aus mehreren Teilen zusammen. Sie zeigen einen schrittweisen Prozeß der Erinnerung und träumerischen Assoziation an, kraft dessen das Idealbild eines vergangenen, von Potenzstörungen unbeeinträchtigten Liebeslebens gleichsam rekonstruiert und somit neu gewonnen wird. Dieser Prozeß bewirkt die Wiederherstellung der Liebeskraft und macht indirekt die Gründe für das ominöse Versagen einsichtig. Die beiden Erzählbögen sind somit eng aufeinander bezogen und erhellen sich wechselseitig.

Schon die erste Zeile der zweiten Hälfte gibt zu erkennen, auf welchen Wegen die Krise überwunden wird:

Doch als ich länger mein Geschick bedachte (Z. 97).

Es ist das Mittel der Reflexion, mit dem sich der Tagebuchschreiber aus seiner peinigenden Lage retten wird. Reflexion ist hier jedoch nicht als Selbstanalyse aufzufassen, sondern eher als Selbstbespiegelung im anderen und somit als Akt der Distanzierung von sich selbst. Der Tagebuchschreiber erhebt sich dadurch über seine gegenwärtige Situation – ein Liebeslager, das ihm inzwischen zur „Hölle" (Z. 107) geworden ist. Er tritt gewissermassen aus sich selbst heraus und versetzt sich kraft der Erinnerung und der geistigen Wiedervergegenwärtigung in eine Lage, in der seine beschädigte Potenz auf wunderbare Weise wiederhergestellt wird. Am markantesten zeichnet sich diese Heilung in dem Wechsel von der Ich-Perspektive zur Er-Perspektive ab. Nun erhebt sich der in seinem Schreib- und Liebesvermögen bedrohte Erzähler über sich selbst und sieht sich als einen Wanderer, der nahe der ersehnten Quelle von einem Schlangenbiß gefällt wird (Z. 109 f). Bezeichnenderweise wird dieses Bild sogleich nach dem Innewerden der Erektion wieder aufgenommen (Z. 157 f), zur Bestätigung, so scheint es, daß mit der Selbstobjektivierung im Bild des zur Quelle strebenden Wanderers in der Tat der rettende Ausweg gefunden wurde.

Die wiedererwachte Kraft zur Wandlung und Heilung schlägt sich nun in fortgesetztem Perspektivenwechsel nieder. Schon in der nächsten Strophe weicht die Er Form dem Selbstgespräch, und dieses führt ihn über den Gedanken an den Aberglauben der Bräutigame, die sich zur Abwehr einer zauberischen Potenzstörung kreuzen und segnen (Z. 115), in die verklärte Zeit seines eigenen Brautstandes zurück. Mit einem Mal kehrt eine Aufheiterung der Stimmung zurück, wie sie den ersten Teil des Gedichts, nach dem Erscheinen des Mädchens, charakterisiert. Der Kontrast zwischen dem flackernden Kerzenlicht (Z. 102), bei dem sich sein Versagen ereignete, und dem „prachterhellten Saale" (Z. 120), in dem er zum erstenmal seine Braut erblickte, unterstreicht diese Aufheiterung der Stimmung, die die Verkrampfung löst und den Unglücklichen sein innerstes Selbst wiederfinden läßt. Worum es bei dieser Selbstfindung geht, erhellt der fundamentale Unterschied zwischen den seelischen Voraussetzungen, unter denen er sich einst seiner Braut und heute dem Mädchen im Stern-Gasthof genähert hat. Dort das geradezu elementare Aufquellen des Herzens und der Sinne, so daß „der ganze Mensch" von dem Entzücktsein durch die Liebe bewegt wird:

> Da quoll dein Herz, da quollen deine Sinnen,
> So daß der ganze Mensch entzückt sich regte. (Z. 121 f)

Hier hingegen die eilige, bloß sinnliche Neugierde, die ihn zu der ihm ungemäßen, leicht theatralischen Rolle des männlich-forschen Liebhabers verführt:

> Genug ich bin verworrner, bin verrückter,
> Den Stuhl umwerfend spring ich auf und fasse
> Das schöne Kind. (Z. 46 f)

Aus eben dieser Gegenüberstellung erklärt sich auch das ihm selbst unverständliche Versagen des Mannes. Abwegig wäre es hier, das moralische Tabu des außerehelichen Liebesaktes anzuführen, denn solch engen moralischen Gesichtspunkten gegenüber bleibt das Gedicht durchgehend auf Distanz. Dieses Versagen rührt hier – unter den besonderen Voraussetzungen der Zufallsbegegnung – von einer tieferen seelischen Insuffizienz des Mannes. Es rührt daher, daß an diesem Liebesakt nicht „der ganze Mensch" teilhat, sondern lediglich die erhitzte Sinnlickeit des Reisenden, den die behagliche Atmosphäre des Gasthofs, die Anmut der Kellnerin sowie ihre ap-

64

petitliche Art, das Fleisch vorzulegen, dazu verlockte, die ihm gänzlich inkongruente Rolle des stürmischen Eroberers zu spielen – in erster Linie wohl sich selbst vorzuspielen. Umgekehrt ist es nicht die moralische Legitimität von Brautstand und Ehestand, die das sexuelle Glück erklären oder gar gewährleisten, sondern wiederum die Teilnahme des „ganzen Menschen" an der Liebe:

> Vervielfacht war, was sich für sie bewegte:
> Verstand und Witz und alle Lebensgeister
> Und rascher als die andern jener Meister. (Z. 126 f)

Der alles entscheidende Prozeß der Selbstbefreiung aus dem Bann der Ich-Bezogenheit und damit des Versagens zeichnet sich auch in der Einnerung an die Braut und Herrin in fortgesetzten Perspektivenwechseln ab. Die Rückbesinnung auf das erste Stadium der Liebe, die in dem schönen Bild des Tanzes in Strophe XVI ihren Bezugspunkt hat, erfolgt in der zweiten Person Singular. Parenthetisch sei hier angemerkt, daß das Bild der eng umschlungenen Tänzer wohl nicht von ungefähr den „deutschen Tanz" in Erinnerung ruft, den Werther und Lotte miteinander tanzen. In dem Gedanken an den Brautstand und die endliche, d. h. wohl späte Hochzeit setzt sich wieder die erste Person durch, doch diesmal Singular und Plural, gleichsam zum Zeichen der rückkehrenden Selbstsicherheit. In der folgenden Strophe XVIII, die die Pracht des ehelichen Liebeslagers vergegenwärtigt, tritt in der Anrede der Käfigvögel, den Zeugen des Liebesglücks, eine gewisse spielerische Übermütigkeit hervor, die soweit geht, daß er sich selbst quasi mit den Augen der Vögel sieht. Übermut spricht sodann auch aus dem Stolz auf den häufigen Liebesgenuß im Feld, am Wasser und an manchem anderen „Unort" (Z. 148), von

dem die nächste Strophe nun wieder in der ersten Person
Plural erzählt. Hier erhebt sich die Erinnerung geradezu
zu einer Feier der geschlechtlichen Wohlgeratenheit. Die
verletzte Seele des unglücklichen Tagebuchschreibers ba-
det sich gleichsam gesund in der Erinnerung an das unge-
störte Liebesglück der ersten Ehejahre. So ist es durchaus
konsequent, daß die Rückkehr zur Er – Form in Strophe XX und XXI – und damit zu einer Art objektiver
Kenntnis seiner selbst – von der unerwarteten Rückkehr
der sexuellen Potenz begleitet wird. Damit erweist sich
das Spiel mit dem mehrfachen Wechsel der Perspektive
als ein formales Korrelat zur Wiedererlangung der Liebeskraft und – wie wir sehen werden – der Schreibkraft.[5]
Indem der reisende Liebhaber seine Befangenheit in der
Ich-Perspektive überwindet, gewinnt er wieder eine
Kraft, die er in Jugendlust einst besaß. Und diese Kraft –
das verdeutlicht dieses Gedicht mit den Mitteln der
Grammatik – war eigentlich die Fähigkeit zum Aus-sich-
Herausgehn und zum Miteinander.

Wie schon angedeutet kommt mit der Erinnerung an
das vergangene Liebesglück der Geist einer offenen Rebellion gegen die konventionelle, kirchliche Ehemoral an
den Tag. Diese Rebellion gegen die christliche Moral
drückt sich am zugespitztesten und provokativsten in der
reimweisen Gegenüberstellung von Kreuzigung und
Erektion, von Christe und Iste aus:

> Und als ich endlich sie zur Kirche führte,
> Gesteh ich's nur, vor Priester und Altare,
> Vor deinem Jammerkreuz, blutrünstger Christe,
> Verzeih mir's Gott, es regte sich der Iste. (Z. 133 f)

Sicher handelt es sich bei diesem kühnen Reim Christe/
Iste trotz der treuherzigen Floskel „Verzeih mir's Gott"
um eine Blasphemie und absichtliche Tabuverletzung.

Daraus sollte man nun aber nicht folgern, daß diese beiden Zeilen den psychologischen und künstlerischen Höhepunkt des *Tagebuchs* bezeichnen.[6] Die sehr handgreiflichen Elemente der Provokation an dieser berüchtigten Stelle sind letztlich bloße Akzidentien. Denn das zentrale Anliegen dieses Gedichts zielt nicht auf die Vergleichung von Kruzifix und männlichem Geschlechtsorgan, sondern von Liebesakt und Schreibakt. Gleichwohl ist es bedeutsam – und es charakterisiert die in den Schleier der moralischen Verbindlichkeit gehüllte Freigeistigkeit des *Tagebuchs* – daß Goethe überhaupt die anstößige Gegenüberstellung von Kruzifix und erigiertem Glied hierhergesetzt hat. Ist es der reine Übermut, die Lust zur Provokation, die ihn zu dieser Strophe inspiriert hat, oder verbirgt sich dahinter ein poetisches Kalkül? Und warum die erstaunliche Etikettierung des „Christe" als „blutrünstig?"

Offensichtlich spricht aus dem Attribut „blutrünstig" eine entschieden unchristliche Sehweise, zumal in Verbindung mit dem doppelsinnigen Bild vom „Jammerkreuz." Daß Goethe an dem zentralen Symbol der christlichen Religion, dem Kreuz – und somit der Auferstehung – Anstoß genommen hat, ist wohlbekannt. An dieser Stelle zeigt sich einer der Gründe dieser Feindseligkeit gegen das Christentum: die Reglementierung der Sexualität und damit der Natur, der Menschennatur. Mit Recht hat deshalb Dieter Borchmeyer die provokative Konfrontation des erigierten Phallus mit dem Gekreuzigten gleichsam als dem Emblem eines „Aufstand[s] der Natur gegen das Kreuz" gedeutet.[7] Die christliche Religion markiert hier eindeutig die Gegenposition zu einer menschenfreundlichen Liebesauffassung, die nicht unterdrückt sein will. Im Grunde spricht derselbe Geist bereits aus der Ballade *Die Braut von Korinth*. Anders als dort herrscht hier jedoch ein kecker Geist der Selbstbehauptung, der sich der christlichen Sexualmoral nicht unterwirft und diese, gerade auch in der Geste der scheinbaren Bejahung – die Eheschließung wird ja wohl als Sakrament im Sinne der Kirche vollzogen – gleichsam unter der Hand herausfordert.

Die poetische Rechtfertigung für die Blasphemie dieser Zeilen muß aber wohl in einer tieferen Schicht gesucht werden. Sie muß sich auf ein Element berufen können, das Kreuzigung und Zeugung gemeinsam haben. Es ist der beiden implizite Gedanke der Auferstehung. Nicht anders als im *Faust,* wo das christliche Mysterium der Auferstehung als die besondere Manifestation eines allgemeinen Schaffensprinzips, einer universellen „Werdelust" (V. 789) gedeutet ist, wird auch hier eine Korrespondenz zwischen Kreuzigung und Zeugung impliziert. Damit wird die Auferstehung des Gekreuzigten und des männlichen Zeugungsorgans subsumiert unter den Glauben an die Wiederauferstehung des Menschen in ewiger „Werdelust." Selbstredend handelt es sich hier um radikal unchristliche Vorstellungen, um Anschauungen, die zu den dezidiertesten Ketzereien des dezidierten Nicht-Christen Goethe gezählt werden müssen. Von daher erhellt sich denn auch der ungewohnt grelle und aggressive Akzent, der mit dem Attribut „blutrünstig" gesetzt wird. Das Mysterium der Auferstehung, das in der christlichen Religion die Vorstellung von Kreuz und blutigem Leiden hervorruft, wird hier, wie auch im *Faust,* mit „des Maien schönste Blum und Zierde" (Z. 131) kontrastiert. So läßt sich dieses Gedicht nicht zuletzt als Rühmung einer nicht-blutrünstigen Auferstehung deuten, der Auferstehung des Menschen in und durch den Liebesakt im Einklang mit dem ewigen Erneuerungsprozeß der göttlichen Natur.

Weniger provokativ, doch nicht weniger bedeutsam ist es, daß die hier erinnerte Liebe auch der gesellschaftlichen Ehemoral, die den Liebesakt zu domestizieren trachtet, entgegengesetzt ist. Gegenüber den Gewohnheiten der Ehe zeichnet sich das erinnerte Liebesglück dadurch aus, daß damals das Lieben „nach Buhlenart" (Z. 146), also die nicht domestizierte Liebesart, in die Ehe gleichsam hinübergerettet wurde. So blieb der Liebesakt nicht auf seinen konventionellen Ort, das Ehebett, beschränkt, sondern erstreckte sich auf manchen „Unort" (Z. 148) der freien Natur. Wie schon in der Szene der kirchlichen Trauung schwingen auch hier gewisse atmosphärische Elemente der Sturm- und Drang-Epoche Goethes mit, der Geist Hanswursts und des Satyros etwa, oder der Künstlergedichte mit ihrer Apotheose der künstlerischen und geschlechtlichen Zeugungskraft.

Indessen verlangt die Wiedererlangung der sexuellen Potenz eine Erklärung. Das Gedicht stellt die Frage ausdrücklich:

Wer hat zur Kraft ihn wieder aufgestählet? (Z. 161)

Doch die Antwort darauf:

Als jenes Bild, das ihm auf ewig teuer,
Mit dem er sich in Jugendlust vermählet, (Z. 162 f)

überzeugt nicht völlig. Natürlich ist es das teure Bild der „Herrin," das seine Erinnerung zurückgeführt hat an den Ort der „Jugendlust" und sorglosen Liebeskraft. Aber dieses Bild ist offenbar als Symbol aufzufassen, als die formelhafte Verdichtung einer viel komplexeren und anspruchsvolleren Einsicht in die verborgenen Ursachen von Potenz und Impotenz, von geschlechtlicher wie künstlerischer Zeugungskraft.

Zunächst ist jedoch nicht zu verkennen, daß die geheimnisvolle Wirkung, die von jenem Bild der „Herrin" ausgeht, etwas geradezu Mystisches an sich hat. Dieses Element des Mystischen wird in der folgenden, überaus wirkungsvollen Zeile – sie ist durch Alliteration und zweifache Assonanz besonders hervorgehoben – angedeutet und dankbar anerkannt:

> Dort leuchtet her ein frisch erquicklich Feuer. (Z. 164)

Von wo aber oder von wem geht dieses leuchtende, belebende Feuer aus? Kein Zweifel, für den Tagebuchschreiber ist seine abwesende Ehefrau, seine *domina*, die Quelle jenes Feuers. Hier vor allem wird deutlich, daß das Verhältnis des fremdgehenden Ehemanns zu seiner zu Hause verbliebenen Frau ganz anders gesehen wird als in dem eingangs zitierten Motto aus Tibull. Während dort der Gedanke an die „domina" eine lähmende Wirkung hat, entfaltet die Erinnerung an die Herrin hier eine entgegengesetzte, geradezu segensreiche Wirkung. Für Goethe, so könnte man sagen, stellt sich der „Ehestand" als ein weniger anatagonistisches Verhältnis dar als für Tibull. In dem Gedicht Goethes zeichnet das Verhältnis der Gatten eine Innigkeit aus, die im Geschlechtlichen gründet und eine belebende Wirkung ausübt, gerade dann, wenn der eine im Begriff steht, einen sogenannten Ehebruch zu begehen. Hier drückt sich eine stillschweigende Distanzierung vom römischen Dichter aus, die das eigentliche Anliegen des Goetheschen Gedichts deutlicher hervortreten läßt. Beide Dichter haben einen hohen Begriff von der Ehe und ihren geheimen Bindekräften, doch während Tibull diesen Kräften eine restriktive, lähmende Wirkung zuschreibt, erblickt Goethe in ihnen einen Lebenshalt und eine Quelle der Erneuerung der Liebeskraft.

Angsichts der denkwürdigen Lage, in der sich der Tagebuchschreiber befindet, neigt er dazu, seiner Herrin magische Kräfte zuzuschreiben. Denkwürdig ist seine Situation in der Tat: es ist das erste Mal, daß ihm ein solches Mißgeschick begegnet (Z. 113), ausgerechnet dann, als er sich wie im Traum von Schönheit und Jugend begehrt sieht, und es ist ausgerechnet das Bild seiner fernen „Herrin," das ihn wieder in den Stand versetzt, die Gelegenheit doch noch wahrzunehmen. Angesichts dieser verwirrenden Situation mag es einigermaßen verständlich erscheinen, daß er sich an magische und abergläubische Erklärungen hält. Kaum anderswo erscheint die Zuflucht zum Aberglauben so plausibel wie dort, wo die Libido ihren unverstandenen Eigenwillen entfaltet. Entscheidend ist jedoch, daß sich im Gedicht ein höheres Bewußtsein und eine tiefere Einsicht ausdrücken als dem fiktiven Erzähler dieses erotischen Abenteuers zu Gebote stehen. Denn Goethe versäumt es keineswegs, über den Kopf seines Helden hinweg und jenseits allen Aberglaubens, die wahren Gründe für das Versagen wie für die Wiedergewinnung der Liebeskraft zu erhellen.

Daß das „Bild" der abwesenden Frau die Quelle jenes Feuers sei, ist lediglich eine und nicht die plausibelste Möglichkeit, die betreffenden Zeilen der Strophe XXI zu lesen. Sinngemäßer wäre es aber, das Her-Leuchten jenes Feuers auf „Jugendlust" (Z. 163) zurückzubeziehen, zumal ja die geistige Reproduktion jenes Bildes auf einer tieferen Ebene die Wiedergewinnung jener „Jugendlust" zum eigentlichen Ziele hatte. Mit anderen Worten: was hier erinnert wird und dabei seine wunderbare, belebende Wirkung entfaltet, rührt letztlich wohl nicht von der Person seiner Jugendgeliebten und jetzigen Herrin her, sondern aus seinem immer noch vorhandenen Fundus von geistig-seelischen Kräften, die mit der vielschichtigen Vokabel „Jugendlust" gemeint sind. Offensichtlich bezieht sich das Gedicht hier auf das in Strophe XVI evozierte Glück. Es ist die dort beschworene Teilnahme des „ganzen Menschen" am Liebesakt, die kraft der Erinnerung und somit der Vergegenwärtigung das scheinbar erschöpfte Liebesvermögen aufs neue belebt. Umgekehrt darf man die nur partielle, oberflächlich sinnliche Teilnahme an dem gleichwohl hitzig gewollten Liebesakt mit der Stern-Kellnerin – also die Verweigerung des „ganzen Menschen" – als den eigentlichen Grund seines Versagens bezeichnen.

Diese Deutung wird übrigens von der strukturellen Funktion der Feuer- und Leucht-Bilder bestätigt. Denn das Bild vom fernhinwirkenden, belebenden Feuer schließt an das Bild vom Leuchten „ferner Minne" (Z. 14) an und bildet mit diesem eine der sichtbarsten Klammern des ganzen Gedichts:

Erinnrung uns umleuchtet ferner Minne. (Z. 14)

Die Zeilen 14 und 164 sind somit durch die Vokabel „leuchten" miteinander verbunden, sie markieren aber zwei verschiedene Stadien im Verhältnis des Reisenden zu seiner Herrin. Zu Beginn des Gedichts wird die ferne Minne als eine angenehme, herzerwärmende Erinnerung erfahren, auf dem Höhepunkt in Strophe XXI enthüllt sie die Kraft eines belebenden Feuers. Hier manifestiert sie sich nun in gesteigerter, intensiverer Form – intensiver, da hier ein höherer, aktiverer Modus von Erinnerung vorliegt. Während der Tagebuchschreiber dort die Erinnerung unwillkürlich und passiv erfährt, vermag er sie hier, im Moment der Krise, aktiv aus seinem Inneren wieder hervorzubringen und zu erneuern. Durchaus im Einklang damit erscheint im Stadium des Versagens das Bild

des Feuers in reduzierter Form, als ein schwach flackern-
des Kerzenlicht im nächtlichen Zimmer:

> Die Lichter dämmerten mit langem Dochte. (Z. 102)

Unverkennbar gehören diese Feuer-Bilder des *Tagebuchs* zu der im Alterswerk zentralen Licht-Symbolik
wie sie etwa im *Faust* und im *West-östlichen Divan* zu
belegen ist. Sie unterstreichen einmal mehr, daß *Das Tagebuch* zum poetisch Anspruchsvollsten in Goethes
Werk gehört.

Es bleibt schließlich noch, den Begriff des „ganzen
Menschen," der in diesem Gedicht eine so ausschlaggebende Rolle spielt, zu erläutern. Wir stoßen hier auf einen
für Goethes Lebensanschauung zentralen Gedanken, daß
nur wenn der „ganze Mensch" Anteil nimmt, das Beste
und Höchste geleistet werden kann. In *Dichtung und
Wahrheit* bekennt Goethe, daß er diesem Gedanken zuerst in den Schriften Johann Georg Hamanns begegnet
sei, des „Magus aus Norden," dem er selbst so viel ver-
danke. Goethe stellt den Gedanken des „ganzen Menschen" besonders heraus, ja dieses Konzept bildet in gewissem Sinn den Schlußstein seiner bewegenden Hom-
mage à Hamann: „Das Prinzip, auf welches die sämtlichen Äußerungen Hamanns sich zurückführen lassen, ist
dieses: ‚Alles was der Mensch zu leisten unternimmt, es
werde nun durch Tat oder Wort oder sonst hervorge-
bracht, muß aus sämtlichen, vereinigten Kräften ent-
springen; alles Vereinzelte ist verwerflich.' Eine herrliche
Maxime!"[8] Man darf annehmen, daß diese „herrliche Maxime" das Motto bildete nicht nur seiner Verehrung für
den „Magus aus Norden," sondern für seine ganze, vom
Glück einer unbehinderten Schaffenskraft verklärten
Sturm- und Drang-Epoche, auf die er in seiner Autobio-

graphie zurückblickt. Das Lebensgefühl dieser Epoche ist auch im *Tagebuch* präsent; es bezeichnet den weiteren lebensgeschichtlichen Horizont, der im Gedicht entworfen wird.

Es bedarf nun keiner näheren Ausführungen, um zu zeigen, daß mit der Anwendung des Postulats vom „ganzen Menschen" auch auf die menschliche Sexualität, diese als eine integrale Dimension des Goetheschen Humanismus anerkannt, ja gefeiert wird – übrigens ganz im Sinne Hamanns. Deshalb läßt sich dieses Gedicht nur bei sehr oberflächlicher Betrachtung als poetisches Lob auf die Ehe oder die Gattenliebe lesen. Denn in seinem innersten Kern, dem Hamannschen Konzept des „ganzen Menschen," geht es um den Preis einer viel elementareren Macht, die unabhängig von der Ehe existiert und von dieser domestiziert wird: des Dämons Eros. Es ist diese Macht, die gleichsam den bedrohlichen Gegenpol darstellt zur Ehe, zur Bindung an die Herrin; sie begründet aber auch die charakteristische Spannung, die in diesem Gedicht herrscht, zwischen der Evokation des Dämons Eros und dem Prachtgewand der poetischen Form, durch die Eros hier einigermaßen gebändigt wird.

4. Schreiben

Nichts ist bezeichnender für den Geist des Gedichts und nichts enthüllt seinen symbolischen Sinn deutlicher als das, was bei dem Übergang von Strophe XXI zu Strophe XXII, also bei der Rückkehr der Erzählung zum Rahmen, geschieht: die wiedergewonnene sexuelle Potenz führt nicht, wie der Leser vermuten mag, zu einem Liebesakt, sondern zu einem Schreibakt. Der wiedererstarkte Liebhaber „schaudert weg" (Z. 167) – wobei es zunächst unklar bleibt, wovor er mehr zu schaudern hat: dem Zauber des schlummernden Mädchens, das er sich nicht wachzuküssen getraut; dem Wunder des in „allen seinen Prachten" (Z. 156) erigierten Gliedes oder der geheimnisvollen Wirkung, die das Erinnern jenes Bildes mit sich gebracht hat. Auch für diesen Liebenden und Irrenden gilt jdoch der Satz aus dem *Faust:* „Das Schaudern ist der Menschheit bestes Teil" (V. 6272) Wie für den Faust der Mütter-Szene, so rührt das Schaudern letztlich auch hier von dem Gewahrwerden eines Urphänomens im Sinne Goethes her, dem Urphänomen des Kreativen. Während es sich dort im kosmogonischen Mythos von den Müttern manifestiert, tritt es hier in seiner für den Menschen elementarsten Gestalt in Erscheinung: als die geschlechtliche Zeugungskraft. Und während dort das Schöpferische, der ewige Prozeß von „Gestaltung, Umgestaltung," als ein im Prinzip weibliches Phänomen gefaßt wird, stellt Goethe es hier, bezogen auf die geschlechtliche wie die künstlerische Krativität, als ein im Prinzip männliches Phänomen dar – symbolisiert im Phallus, der auf der symbolischen Ebene auch eine Feder ist, Geschlechts- und Schreibwerkzeug in einem. Ob man deshalb dem Autor des *Tagebuchs* den naheliegenden feministischen Vorwurf des Phallogozentrismus machen soll, kann hier nicht weiter verfolgt werden. Mir scheint, die auch hier einschlägige Mütter-Szene des *Faust* entzieht diesem Vorwurf den Boden.

Der Schreibakt selbst wird höchst lakonisch mitgeteilt: „Sitzt, schreibt" (Z. 169). Das Asyndeton an dieser Stelle, genau am Übergang von der Binnenerzählung zum Rahmen, ist klug berechnet und äußerst effektvoll. Bezeichnenderweise liegt hier eine spätere Korrektur vor, die Goethe in H[3] vornahm. Sie unterstreicht, daß es ihm darauf ankam, die gewohnt unproblematische Schnelligkeit, mit der dem Tagebuchschreiber das Schreibvermögen sonst zu Gebote stand und das er jetzt wiedergewonnen hat, auch syntaktisch kenntlich zu machen. Der große, die Spannung lösende Effekt dieses Strophenbeginns rührt aber nicht zuletzt daher, daß mit diesem jetzt leicht und rasch aus der Feder fließenden Tagebucheintrag ein großer Bogen zurück zur zweiten Strophe geschlagen wird, so daß die Erzählung des erotischen Abenteuers auch auf der symbolischen Ebene eine Abrundung erfährt. Die dort noch ungetrübte Einheit von „Lebensreise" (Z. 189), Lieben und Schreiben ist nun, nach dem Durchgang durch eine sehr intime Art von „Hölle" (Z. 107), wiedergewonnen, allerdings auf einer höheren, reflektierten Ebene.

Was aber schreibt der des Schreibens wieder mächtige Liebhaber in sein Tagebuch? Wieviel von dem, dessen er sich in dieser Nacht bewußt geworden, vertraut er dem Tagebuch und damit seiner Herrin an? Es sind bei Lichte betrachtet sehr leichtgewichtige Dinge, die dem Gewicht, das dieses „Tags Ereignis" (Z. 14) offensichtlich für ihn gewonnen hat, keineswegs adäquat sind. Er gesteht seiner Frau, daß er die Bindung an sie unter den „sonderbarsten" (Z. 171) Umständen erneuert habe – ein eher verhüllendes als enthüllendes Geständnis. Offenbar soll die konventionelle Formel „mein treues Herz" (Z. 172) andeuten, daß er in seinem Herzen treu geblieben sei, mögen sich auch Geist und Sinne in Untreue ergangen haben. Daraus zieht er nun den für seine Frau bestimmten Schluß:

> Die Krankheit erst bewähret den Gesunden. (Z. 174)

Der Sinn dieser Zeile ist zwar mehrdeutig, aber nicht gar so geheim wie der Tagebuchschreiber meint. Die Untreue, so wird der Herrin und uns, den Lesern, bedeutet, selbst die bloß versuchte Untreue, bringt das unvermutete Ausmaß der Treue – und damit der Liebe – erst an den Tag.

Die Gewißheit dieser tröstlichen Erkenntnis läßt nun den Reisenden „getrost" (Z. 184) zu seiner Frau heimkehren, die erst jetzt, gleichsam in neuem Licht, als die „Liebste[n]" (Z. 184) apostrophiert wird, nachdem sie ihm bis dahin lediglich die „Traute" und die „Herrin" war. Ein weiterer Grund für seine Zufriedenheit ist in dem Augentrost zu erblicken, den beim stummen Abschied das Bild der sich ankleidenden Schönen ihm mitgeteilt hat. So scheint denn das Gedicht einem aufgeräumten und glücklichen Ende entgegenzueilen. Liebes- und Schreibvermögen dieses schreibenden Liebhabers haben sich auf wunderbare Weise wiederhergestellt, seiner „Liebsten" darf er reinen Gewissens ins Gesicht blikken, und die peinigende Erfahrung des Potenzversagens ist umgemünzt in den wohlfeilen Trost, daß erst die Krankheit den Gesunden bewährt.

Den Schluß des Gedichts so zu lesen, hieße jedoch am Vordergründigen haften bleiben. Es hieße vor allem, den einen sehr deutlichen Mißklang überhören, der die so vorsätzlich inszenierte Heiterkeit dieses Finales stört, den Satz nämlich:

Das Beste nur muß ich zuletzt verschweigen. (Z. 176)

Der fiktiven Adressatin gegenüber mutet dieses Einschränkung nun doch wie eine Unaufrichtigkeit an. Der Leser sollte dadurch gewarnt sein, daß es mit dem tröstlichen Ende vielleicht doch eine kompliziertere Bewandtnis hat. Was ist es aber, dessen sich der Mann im Verlauf seines erotischen Abenteuers innegeworden ist, das er aber seiner Liebsten verschweigen muß, obgleich er es als das „Beste" daran erkennt? Wir erinnern uns, daß er schon eingangs zu wissen meinte, was „das Beste" sei:

> Das Beste bleibt, wir geben uns die Hände
> Und nehmen's mit der Lehre nicht empfindlich. (Z. 5 f)

Die Formel „das Beste" hat hier jedoch noch kein besonderes Gewicht; sie ist offenbar umgangssprachlich gemeint in dem versöhnlichen Sinne von „das Vernünftigste." Am Ende hingegen besitzt dieselbe Formel ein viel größeres, durch Erkenntnis angereichertes Gewicht und steht, wie auch sonst bei Goethe – etwa in dem oben angeführten Zitat aus *Faust* über das Schaudern vor dem Urphänomen der Kreativität – für etwas Höchstes, für eine Erfahrung und Einsicht von größter Bedeutung. Von eben dieser Einsicht in das eigentlich Wissenswerte heißt es aber an früherer Stelle im *Faust*:

> Das Beste, was du wissen kannst,
> Darfst du den Buben doch nicht sagen. (V. 1840 f)

Es muß zu denken geben, daß „das Beste" auch hier in einem Tagebuch, der literarischen Form par excellence für intime Mitteilung und unbestochene Selbsterkenntnis, verschwiegen wird. Keineswegs ist es nur die fiktive Ehefrau, der eine möglicherweise heikle Erkenntnis vorenthalten wird, auch wir als Leser sind von dem Verschweigen des Besten betroffen. Die Absage gilt jeglichem Fazit-Ziehen, das immer eine Vereinfachung oder Profanisierung bedeutet. Sie gilt also gerade auch dem Tagebuch als literarischer Form, gegen dessen Wert als Instrument der Selbsterkenntnis Goethe eine prononcierte Skepsis hegte.[9] Somit unterläuft dieses Gedicht nicht nur die Ansprüche des literarischen Genres „galante Novelle," mit dessen Konventionen es ironisch-distanziert spielt, sondern auch die des Tagebuchs; denn Goethe reklamiert zwar, indem er seinem Gedicht den Titel „Das Tagebuch" gibt, die Lizenz zur Intimität, die mit dieser literarischen Form traditionellerweise gegeben ist, doch entzieht er sich letztlich und mit Bedacht der Konsequenzen dieser Form und verweigert Fazit und Geständnis.

Man darf annehmen, daß die Vorenthaltung des „Besten" hier aus demselben entschlossenen Geist der Diskretion erfolgt ist, auf den sich Goethe in einem seiner tiefsinnigsten Gedichte, in *Selige Sehnsucht*, berufen hat:

> Sagt es niemand, nur den Weisen,
> Weil die Menge gleich verhöhnet:
> Das Lebendge will ich preisen,
> Das nach Flammentod sich sehnet.

Um so mehr dürfen wir davon überzeugt sein, daß wir der Moral, mit der der Dichter in der letzten Strophe nun doch „das Beste" auszusprechen vorgibt, kein Vertrauen schenken können.

Damit wendet sich die Betrachtung noch einmal der problematischen Schlußmoral zu, in der Hoffnung, deren Sinn nun genauer erfassen zu können:

> Wir stolpern wohl auf unsrer Lebensreise,
> Und doch vermögen in der Welt, der tollen,
> Zwei Hebel viel aufs irdische Getriebe:
> Sehr viel die Pflicht, unendlich mehr die Liebe.

Mit der Metapher der Lebensreise wird offensichtlich der gleichnishafte, parabolische Charakter der Erzählung, der eigentlich von Anfang an nicht zu verkennen war, noch einmal bestätigt. An dem Bild des Stolperns hingegen läßt sich die typisch Goethesche Tendenz ablesen, die Bedeutung des Dargebotenen zu verharmlosen und zu verkleinern. Denn in Wirklichkeit handelt das Gedicht ja nicht von einem harmlosen Stolpern, sondern von einem unerwarteten, peinlichen Versagen, das, trotz der Heiterkeit des Endes, bedenklich stimmen muß. Es hat den Anschein, als wolle sich der Dichter mit einer möglichst unaufdringlichen, geradezu kokett bescheidenen Schlußbemerkung aus der Affäre ziehen. Sie scheint besagen zu wollen, daß die Lebensreise des Menschen durch ein Stolpern gelegentlich zwar aufgehalten wird, daß aber „Pflicht" und „Liebe" gleichsam mit der Wirkung zweier starker Hebel das steckengebliebene Gefährt wieder ins Rollen bringen und antreiben. Eine merkwürdig verschwommene Moral ohne besondere Pointe, über deren Inkongruenz mit dem Vorangegangenen man sich zu wundern hat.

5. Pflicht und Liebe

Die Inkongruenz wird besonders dann offenbar, wenn wir versuchen, die Begriffe „Pflicht" und „Liebe" mit den inneren und äußeren Vorgängen in Einklang zu bringen, von denen das Gedicht handelt: dem Versagen des Mannes beim Liebesakt mit einem ihm unbekannten Mädchen, der Wiedererlangung seiner Liebeskraft und dem Gewahrwerden einer doch stärkeren Liebesbindung an die Ehefrau. Ist nun mit „Liebe," wie es den Anschein hat, die Gattenliebe gemeint, die auf langer Vertrautheit gründende Bindung des Tagebuchschreibers an seine „Herrin?" Dann aber müßte man folgern, daß es die Gattenliebe ist, die den Mann psychisch und physisch in den Stand setzt, eine Untreue zu begehen. Das liefe jedoch auf eine oberflächliche Frivolität hinaus und widerspräche dem Geist des Gedichts, der zwar frei aber nich frivol ist. Und was könnte unter diesen Voraussetzungen mit „Pflicht" gemeint sein? Steht die flüchtige Beziehung zur Kellnerin des Stern-Gasthofs im Zeichen irgendeiner Verpflichtung – einer Verpflichtung zum Liebesakt etwa, zur sexuellen Leistung? Davon ist jedoch im Gedicht nicht die Rede, weder von Seiten des Mannes noch des Mädchens; auch wird sie von der Situation nicht impliziert.

Hier ist nur dann ein Weiterkommen, wenn wir die beiden Begriffe enger an das anschließen, wovon im Gedicht eigentlich gehandelt wird, und wenn wir sie an Hand ihrer sonstigen Verwendung bei Goethe auf ihre verborgene Bedeutung abhören.

Auf den ersten Blick scheint das Begriffspaar dem Wort- und Formelschatz des deutschen Idealismus entlehnt zu sein. „Pflicht" und „Liebe" entsprechen in etwa den Begriffen „Pflicht" und „Neigung," die Kant und in modifiziertem Sinne Schiller zu den Koordinaten ihrer anspruchsvollen Ethik erhoben hatten. In diesem philosophischen Sinne war um 1800 die Beurteilung einer moralischen Handlung nach dem Kriterium ihrer Motivation – ob sie also der Pflicht oder der Neigung oder beiden entsprang – längst ins öffentliche Bewußtsein eingegangen wie heute die trivialisierten Theoreme der Psychoanalyse. So betrachtet könnte auch das Begriffspaar „Pflicht" und „Liebe" am Ende des *Tagebuchs* eine moralische Bewertung enthalten. Damit würde jedoch ein fremder Geist in das Gedicht hineingetragen werden, das sich auf sehr pointierte Weise jeglicher moralischer Beurteilung, sei es des Mädchens oder des Mannes, enthält. Es wäre zudem eine Bewertung, die denn doch zu schlicht und erbaulich ausfiele im Vergleich zu den sehr differenzierten Vorgängen, die im Gedicht gestaltet sind. Einem solchen eher Schillerschen Idealismus und Rigorismus stand Goethe innerlich fremd gegenüber, wie ihm denn überhaupt die Philosophie des deutschen Idealismus wenig zusagte und innerlich entsprach.

Gleichwohl steht dieses Echo auf zwei Lieblingsbegriffe des moralischen Idealismus nicht zufällig am Ende dieses Gedichts. Es gehört gleichsam als zeitgeschichtliche Folie zu der eigentümlichen und feinen Nuancierung, die Goethe dem Begriffspaar „Pflicht" und „Liebe" hier gegeben hat. Es ist nun zu bedenken, daß diese Formel bei Goethe relativ häufig vorkommt und insbesondere das Wort „Pflicht" zu den am häufigsten dokumentierten gehört. Eine der bekanntesten Stellen sind die Zeilen der Leonore Sanvitale in *Torquato Tasso* (1790), mit denen sie ihre Rückkehr nach Florenz ankündigt:

> Es ruft die Pflicht, es ruft die Liebe mich
> Zu dem Gemahl, der mich so lang entbehrte. (V. 46 f)

Hier sind zwei wesentliche Elemente der späteren Verwendung festzustellen: die Steigerung der Bindung, die mit dem Begriff „Liebe" gegenüber dem Begriff „Pflicht" ausgedrückt wird, sowie die Anwendung auf eine eheliche Verbindung. Das Verhältnis der Steigerung ohne den offenen Bezug auf die Ehe kommt sehr deutlich in einem Verspaar des *Achilleis*-Fragments (1799) zum Ausdruck:

Manche Tugenden gibt's der hohen verständigen Weisheit,
Manche der Treu und der Pflicht und der alles umfassenden
Liebe (V. 531)

Hier nun zeichnet sich in der formelhaften Zusammenstellung von „Treu" und „Pflicht" bereits eine Bedeutungsnuance ab, die auch für unser Gedicht zu veranschlagen ist: die Bedeutung von Treuepflicht. Die bekannteste und extremste Verwirklichung des Gedankens der Treuepflicht liegt in der Ballade *Der Gott und die Bajadere* (1797) vor. Dieses Gedicht mündet geradezu in eine Apotheose der Treuepflicht:

> Dieser war dein Gatte nicht.
> Lebst du doch als Bajadere,
> Und so hast du keine Pflicht.
> Nur dem Körper folgt der Schatten
> In das stille Totenreich;
> Nur die Gattin folgt dem Gatten:
> Das ist Pflicht und Ruhm zugleich.

Zweimal ist hier von „Pflicht" die Rede; beide Male bedeutet der Begriff ein formales, legitimes Ehebündnis, aus dem die Verpflichtung zur Treue erwächst, hier sogar zur Treue über den Tod hinaus. Indem auch die Bajadere diese Treuepflicht beansprucht, wird dem Begriff der „Pflicht" eine neue und gewagte Begründung gegeben. Sie, die als Prostituierte lebt und mit dem Fremden, der ein Gott ist, keinerlei Bindung eingegangen ist und auch gar nicht eingehen konnte, gründet ihren Begriff von Treue nicht auf das Ehebündnis, sondern allein auf die mit dem Fremden genossene Liebe. Anstelle von Gesetz und Religion bestimmt „ein menschliches Herz" das Verhalten der Bajadere, d. h. ihren Entschluß zum Liebestod in den Flammen. Entscheidend ist nun, daß die Liebe, die sie zu der alle nur eheliche Pflichterfüllung beschämenden Tat bewegt, geschlechtlichen Ursprungs ist. Wie später im *Tagebuch* wird auch hier die Liebe ganz unidealistisch als eine vom Körperlichen ausgehende und im Körperlichen gründende Verbundenheit vorgeführt. Und wie dort so könnte schon hier der Satz stehen, daß die „Pflicht" den Menschen zu sehr viel zu bewegen vermag, die „Liebe" jedoch unendlich mehr.

Auch in den *Wahlverwandtschaften* (1809), ein Werk, das zeitlich und auch von der Problemstellung her, dem *Tagebuch* besonders nahe steht, ist die Bedeutung von „Pflicht" als eheliche Bindung klar zu erkennen. Als Eduard von Ottilie eine abfällige Bemerkung des Hauptmanns über seine dilettantische „Flötendudelei" zugetragen bekommt, ist er maßlos beleidigt – worauf es heißt: „Eduard fühlte sich von allen Pflichten losgesprochen." (I, 13) Der Begriff „Pflicht" bleibt hier noch etwas in der Schwebe zwischen dem heute geläufigen Sinn von Verpflichtung, etwa zu gesellschaftlicher Etikette und Rücksichtnahme; er hat aber auch die ältere, ominösere Bedeutung, daß Eduard nun wähnt, aller ehelichen Treuepflicht entbunden zu sein. Eindeutig in diesem letzteren Sinn von ehelicher Bindung wird das Wort „Pflicht" am Ende des Romans verwendet. Dort, in den fatalen Auslassungen Mittlers über das sechste Gebot, wird die Eheproblematik noch einmal scharf akzentuiert. „Du sollst nicht ehebrechen," doziert Mittler, um sodann einer in der Formulierung liberaleren, in der Sache jedoch streng christlichen Fassung des Gebots das Wort zu reden. Er betont vor allem den gesellschaftlichen Segen, der von einer strengen Eheauffassung ausgehen soll. Die eheliche Treue fördere auch das „Wohl der andern," weil „ein Glück aus jeder Pflicht und besonders aus dieser entspringt, welche Mann und Weib unaufhörlich verbindet." (II, 18) Hier nun bedeutet „Pflicht" in dem älteren Wortsinne eheliche Bindung und Treue, wobei der Begriff, zumal im Munde dieses unglücklichen Verteidigers der christlichen Ehe, eine leicht archaische und feierlich Aura annimmt. Eben dieser feierliche Beiklang von „Pflicht" läßt sich auch in dem späten, thematisch ebenfalls einschlägigen Gedicht *Der Bräutigam* (1824) deutlich vernehmen:

Die Sonne sank, und Hand in Hand verpflichtet
Begrüßten wir den letzten Segensblick,
Und Auge sprach, ins Auge klar gerichtet:
Von Osten, hoffe nur, sie kommt zurück.

Wenn wir nun diese Bedeutung von „Pflicht" im Sinne
von ehelicher Bindung auf die Schlußstrophe des *Tagebuchs* anwenden, so erhellt sich mit einem Mal das etwas
trübe Licht, in das sie getaucht schien. Dann besagt die
Schlußsentenz: wenn der Mensch zu stolpern und zu fal-
len droht, so stehen ihm zwei Quellen zur Verfügung,
aus denen ihm Hilfe kommt: aus der formellen Bindung
an eine Ehefrau und Herrin, „unendlich mehr" jedoch
aus der „Liebe." Angesichts dieses „unendlich mehr" ist
mit „Liebe" offenbar etwas Mächtigeres gemeint als die
christliche Nächstenliebe; sie muß aber auch mächtiger
sein als die Gattenliebe, die gegen das Stolpern nicht gefeit macht. Die „Liebe," die hier gemeint ist, kann nur die
vom Tagebuchschreiber in seiner Verzweiflung und Krise
erinnerte sein, also eine elementare Naturmacht, die von
keiner gesellschaftlichen oder religiösen Norm einzu-
dämmen ist und jenseits von „Pflicht" und Ehebündnis
existiert. Somit rührt die wunderbare Wirkung, durch die
sich das Liebesvermögen des Tagebuchschreibers wieder-
herstellt, nicht daher, daß er seiner „Herrin" in „Pflicht"
verbunden ist, sondern – psychologisch plausibler – aus
einer tieferen, nahezu verschütteten Schicht, in der „Liebe" ihre gegen Sitte und Konvention indifferente, dämonische Kraft bewahrt hat. In dieser Erkenntnis, so möchte man meinen, dürfen wir das vom Tagebuchschreiber
verschwiegene „Beste" erblicken.

6. Sexuelle und künstlerische Impotenz

Betrachten wir zum Abschluß das Gedicht noch einmal aus einer gewissen Distanz, um eine weitere, verborgene Sinnschicht deutlicher wahrnehmen zu können. Es hat sich gezeigt, daß sich *Das Tagebuch* keineswegs in der auf eine gelassene Art gewagten Erzählung eines erotischen Abenteuers erschöpft. Es stellt wohl letzlich den Versuch dar, die Korrespondenz zwischen der Intimität einer Liebesbegegnung und des Tagebuchschreibens, zwischen Schreibakt und Liebesakt, zum Anlaß einer tiefblickenden Reflexion auf das Geheimnis der künstlerischen Schaffenskraft zu nehmen. Darin dient das Gleichnis von der verlorenen und wiedergewonnenen Liebeskraft als Antwort auf die nirgends offen artikulierte, doch deutlich implizierte Frage nach den psychologischen Voraussetzungen der Kreativität. Es ist zutiefst kennzeichnend für Goethes Sehweise und künstlerische Strategie, daß er sich diesem großen Gegenstand, den er seit seiner Jugend immer wieder aufs neue umkreiste, gleichsam auf Umwegen nähert. Nicht nur wählt er die sexuelle Potenz als Gleichnis für die künstlerische, sondern er versucht das Geheimnis der Potenz in ihrem Gegenbild, der Impotenz, zu ergründen – so wie er das Bild der Wanderschaft durch das Stolpern erhellt und, in *Wilhelm Meisters Lehrjahren* etwa, das Ideal der Meisterschaft aus der Problematik des Dilettantismus.

Trotz der betonten Aufgeräumtheit und Ironie des Endes, die ein wenig zu vorsätzlich anmuten, kann dem aufmerksamen Leser nicht verborgen bleiben, daß aus diesem Gedicht eine Sorge spricht, die Sorge über den zum erstenmal erfahrenen und von nun an stets drohenden Verlust der geschlechtlichen wie der künstlerischen Zeugungskraft. Genauer gesagt spürt man hier die Furcht davor, dem Verlangen des Lebens, gerade in seinen schönsten und verführerischsten Erscheinungen, nach künstlerischer Durchdringung sowie dem selbstgesetzten Maßstab der Meisterschaft nicht mehr gewachsen zu sein.

Gewiß, das Gedicht mündet mitnichten in einen Ausdruck von Furcht und Sorge. Goethe war nicht Romantiker genug, um die anmutige Meditation des *Tagebuchs* über die Imponderabilien der sexuellen wie der künstlerischen Potenz in eine Klage über den Verlust der in der Vergangenheit einst besessenen Einheit von Schreiben, Lieben und Leben ausklingen zu lassen. Im Gegenteil, aus diesem Gedicht spricht eine entschiedene Affirmation der physischen und psychischen Schaffensbedingungen des Alters. Der Modus des künstlerischen Schaffens ist ein anderer geworden. Darin sind nun Erinnerung, Reflexion und – wie Goethe im Alter zu sagen liebte – „Geist" die entscheidenden Momente.

So lebt denn dieses Gedicht aus der Spannung zwischen zwei unterschiedlichen, doch nicht antagonistischen Haltungen: einerseits das Bedauern, ja die heimliche Verzweiflung über den Verlust jener selbstsicheren Schaffenskraft aus unreflektierter „Jugendlust;" andererseits das heiter stimmende Bewußtsein, daß es möglich ist, durch Reflexion und Erinnerung die schöpferische Kraft doch wieder lebendig werden zu lassen. Diese Spannung schlägt sich nieder in einem das ganze Gedicht durchwirkenden System von miteinander korrespondierenden Gegensätzen wie etwa Gesundheit und Krankheit, Tugend und Dämon, Reisen und Stolpern, Herrin und Mädchen, Meister und Schüler und andere mehr. Der diesen Gegensätzen übergeordnete und in gewissem Sinn sie regulierende Vergleich ist jedoch der zwischen dem Jetzt und Einst, will sagen zwischen den unkomplizierten Voraussetzungen des künstlerischen Schaffens in

der Jugend und den kompliziert gewordenen Voraussetzungen im Alter. Bezeichnenderweise geschieht die Ver-
mittlung der beiden Positionen nicht durch eine dialekti-
sche Synthese, sondern über die eher mystische Vorstellung des Herüberleuchtens eines fernen Lichts aus der
Vergangenheit. So kann die gegenwärtige Schaffenskraft
des Alters als das Resultat einer Erinnerung jener Potenz
der Jugendlust, die die labilen und erlahmenden Kräfte
des Alters belebt, gedeutet und verehrt werden. Der Gedanke einer wiederholten Pubertät im Sinne Goethes
steht dieser Vorstellung nicht fern.

So läßt sich denn dieses Gedicht als eines der intimsten
und gewichtigsten Dokumente jener Schaffenskrise deuten, die nach dem Tod Schillers akut geworden war und
erst mit der Komposition der *Wahlverwandtschaften*, der
vielleicht konzentriertesten und reflektiertesten Kunstleistung Goethes, überwunden wurde. Im *Tagebuch* glaubt
man den Nachhall jener nach-Schillerschen Schaffenskrise zu vernehmen, vor allem jedoch den Ausdruck der
Genugtuung, daß sich die bedrohte Schaffenskraft an jenem Roman doch wieder und gleichsam ‚in allen ihren
Prachten' bewährt hat.

IV. Der Mann von sechzig Jahren: zum Lebens- und Schaffenskontext des „Tagebuchs".

Die Sekretierung des Gedichts aus Goethes Nachlaß sowie seine Verbannung in den literarischen Untergrund haben ein Vorurteil entstehen lassen, das zwar nirgends deutlich ausgesprochen, doch praktisch überall in der Literatur über Goethe mit Händen zu greifen ist: die Auffassung nämlich, *Das Tagebuch* sei doch wohl nicht repräsentativ für das Werk dieses Dichters. Dieser Auffassung zufolge bezeichnet unser Gedicht einen isolierten Posten im großen poetischen Haushalt Goethes – ohne engen Zusammenhang mit dem übrigen Werk. Zu einer solchen Isolierung des Gedichts neigen bezeichnenderweise eher die wenigen Freunde des *Tagebuchs* als seine vielen Verächter. Typisch dafür sind die hie und da eingeflochtenen apologetischen Bemerkungen über das Gedicht; sie wollen dem Leser bedeuten, daß zu der großen Persönlichkeit nun auch einmal der gewagte, ja der phallische Goethe gehöre, daß aber das übrige Werk des Dichters von solchen vermeintlichen Entgleisungen glücklicherweise frei und somit auch schulbuchsicher sei.

Solchen Verdrehungen ist entschieden zu widersprechen. Sie sind Ausfluß eines immer noch nachwirkenden Klassikerkults, der unser durch die Historie kompliziertes Verhältnis zu Goethe auf unzulässige Weise zu vereinfachen versucht. Wie kann dieser Tendenz zur Isolierung des *Tagebuchs* entgegengewirkt werden? Einerseits natürlich durch eine möglichst genaue Analyse des Werks. Andererseits – und diesem Aspekt muß hier ein besonderes Gewicht zugemessen werden – durch den

Nachweis der thematischen und entstehungsgeschichtlichen Zusammenhänge mit dem Gesamtwerk. Es gilt vor allem die verborgenen Entstehungsbedingungen des Gedichts aus dem Schaffenszusammenhang und der inneren Biographie des sechzigjährigen Goethe zu erhellen. Denn erst wenn sich auch für die Entstehung des *Tagebuchs* eine plausible Erklärung finden läßt, sind wir in der Lage, seinen großen Stellenwert im Gesamtwerk zu würdigen. Ein solcher Versuch erscheint zunächst aussichtslos. Wie – um es zugespitzt auszudrücken – können der sittenstrenge Autor der *Wahlverwandtschaften* und der um die Sittlichkeit offenbar unbekümmerte Dichter des *Tagebuchs*, wie können die in ihrem Geist so entgegengesetzten Werke auf einen Nenner gebracht werden? Die stets bewährte Berufung auf die Inkommensurabilität der Goetheschen Produktion bietet sich auch hier an. Doch eine solche Auskunft wäre zu bequem.

1. Wilhelm Meister und Philine

Schauen wir uns also um in Goethes Leben und Werk und suchen wir nach den Nerven und Adern, die *Das Tagebuch* mit dem ganzen Goethe verbinden. Hier ist zunächst zu bemerken, daß der freie Geist, der im *Tagebuch* seinen wohl gewagtesten Ausdruck fand, auch im Gesamtwerk Goethes zu spüren ist. Er läßt sich jedoch nicht in allen Werken nachweisen; die wohl augenfälligste Ausnahme bilden *Die Wahlverwandtschaften*. Jener dem Geschlechtlichen gegenüber freie Geist gründet in dem durch die Aufklärung mächtig geschürten Interesse an allem Menschlichen, an der Menschennatur, das bei Goethe letztlich von keinen moralischen oder wissenschaftlichen Verbotstafeln mehr verstellt war. Dem Dichter und Naturforscher Goethe ist die Sexualität Teil des Gesamtphänomens der Kreativität der Natur, und als solche wird sie zum Gegenstand einer Dichtung, die sich der Anschauung und der Kontemplation der Natur verschrieben hat. Als einzigem Wesen der Natur steht dem Menschen sowohl eine natürliche als auch geistige Form der Zeugung zu Gebote – eine Doppelbegabung, die im *Tagebuch* durch die einander widerspiegelnden Phänomene des Liebesakts und des Schreibakts reflektiert wird. Vor dem Hintergrund dieses umfassenden Interesses an allem Schöpferischen erklären sich die Berührungspunkte, die bei der Analyse des Gedichts zu Tage traten, mit dem Hauptwerk zur Thematik des Schöpferischen, dem *Faust*. Weitere bedeutende Parallelen zum *Tagebuch* könnten auch in Goethes naturwissenschaftlichen Schriften nachgewiesen werden; sie sollen aber hier nicht weiter verfolgt werden.

Abgesehen von diesem fundamentalen Interesse am Phänomen des Schöpferischen lassen sich eine Reihe von charakteristischen Motiven benennen, die das Gedicht mit anderen Werken verbinden. So muß die Hauptfigur des *Tagebuchs*, der schreibende, nach „irdischem Gewinne" (Z. 10) strebende Handelsmann, dem Leser sogleich vertraut anmuten. Man darf vermuten, daß wir hier einen Bruder Wilhelm Meisters vor uns haben, einen älter gewordenen Bruder jedoch, dem offenbar eine glücklichere, sexuell erfülltere Ehe beschieden worden ist als dem allerdings berühmteren Romanhelden in seiner Ehe mit der schönen Amazone Natalie. Man mag sich im Tagebuchschreiber einen Wilhelm-Meisterlichen Mann von fünfzig Jahren vorstellen, der mit dem Helden der Novelle dieses Titels einen wesentlichen Zug gemeinsam hat: die Erfahrung des Alterns und die sie begleitende Sorge um das Schwinden der Liebeskraft. Denn die Wanderungen dieses Mannes gestalten sich, in geschlechtlicher Hinsicht jedenfalls, ausgesprochen unmeisterlich in dem spezifischen Sinn, den dieses Wort im Gedicht hat.

Auch die Gestalt des Mädchens läßt sogleich an eine Reihe anderer junger Frauen in Goethes Werk denken, am nachdrücklichsten wohl an die Philine der *Lehrjahre*. Wie bereits bemerkt, spricht aus der erstaunlichen Zeile „Ich sah, ich liebte, schwur dich zu genießen" (Z. 80) derselbe selbstsichere Geist, in dem Philine ihr berühmtes Wort an den Bürgersohn Wilhelm Meister richtet: „Und wenn ich dich lieb habe, was geht's dich an?" Georg Lukács, dem diese Stelle besonders viel bedeutete, hat uns Philine als eine plebeische Repräsentantin des Goetheschen Humanismus zu sehen gelehrt; zu diesem Typus, so scheint mir, darf auch die Gestalt der Stern-Kellnerin gezählt werden. Beide verkörpern eine entschiedene Anerkennung der eigenen Geschlechtlichkeit, die selbstsicher und unbefangen macht und in der sexuellen Erfüllung nicht nur das Vehikel der Fortpflanzung, sondern einen selbstverständlichen Teil der Menschlichkeit, auch der weiblichen Hälfte der Menschheit, erblickt. Zu dieser charaktertypologischen Verwandschaft mit Philine will es durchaus passen, daß das nächtliche erotische Abenteuer, das dem *Tagebuch* zum Vorwurf dient, in Umrissen schon im Roman vorbegildet ist, nämlich in der einmaligen, nächtlichen Liebesvereinigung mit Philine, die der Autor der *Lehrjahre* seinem poetischen Ebenbild, den er vielleicht deshalb einmal einen armen Hund genannt hat, gönnt.

Während jedoch im Roman der Reiz von Philines nacktem Körper im Dunkel bleibt, so sehr sogar, daß Wilhelm nicht einmal weiß, oder so tut, als wisse er nicht, wer ihn da umarmt, stellt Goethe den nackten Körper hier – unerachtet des nur flackernden Kerzenscheins – ins

hellste Licht. Eine solche entzückte, ja schaudernde Verehrung für die Schönheit des menschlichen Körpers in
seinem natürlichen Zustand kommt im Werk Goethes
vielfach zum Ausdruck; sie ist charakteristisch Goethisch
und bezeichnet einen wesentlichen Unterschied zwischen
seinem Werk und dem Schillers. Nicht umsonst hat sich
Goethe zu Winckelmanns Griechenverehrung bekannt,
die in der Gestaltung des nackten menschlichen Körpers
das eigentliche Herzstück der Kunst der Alten erblickte.
Der nackte Körper wird bei Goethe zuerst in den *Römischen Elegien* (1790) sichtbar und spürbar; sodann am
Ende der *Briefe aus der Schweiz. Erste Abteilung* (1796),
einer Briefnovelle, die einmal den Titel „Werthers Reise"
tragen sollte; desweiteren in den beiden großen Balladen
Die Braut von Korinth und *Der Gott und die Bajadere*
(1797). Am herrlichsten jedoch und am erstaunlichsten
erstrahlt das Bild des nackten Körpers in jener ganz spät
nachgereichten Episode aus Wilhelm Meisters Jugend,
der novellistisch pointierten Erzählung seiner Freundschaft mit dem Fischerjungen, am Ende des 2. Buchs von
Wilhelm Meisters Wanderjahren. In allen diesen Bei-
spielen ist die poetische Vergegenwärtigung des nackten
Körpers von einer intensiven Aura des Erotischen umge-
ben, die jedoch nirgens freier und unbeschwerter in Erscheinung tritt als im *Tagebuch*.

2. Erlebnis oder literarische Anregung?

Mit dem Nachweis solcher motivischer Parallelen zu
anderen Werken Goethes sind wir jedoch dem Verständnis der Entstehung des Gedichts um keinen Schritt näher
gekommen. Immerhin lassen diese Verbindungen bereits
ahnen, daß die Wurzeln des Gedichts über den unmittel-

ren Kontext der Jahre 1808 bis 1810 hinaus bis weit in die Vergangenheit Goethes zurückreichen. Wie weit, wird noch zu zeigen sein.

In der älteren Literatur über *Das Tagebuch* lassen sich im Hinblick auf die Frage nach seinem Ursprung deutlich zwei Lager unterscheiden. Im einen versucht man die Entstehung des Gedichts primär aus der Biographie Goethes herzuleiten, aus einem Erlebnis des Dichters. Im anderen wird es als das Ergebnis ausschließlich literarischer Anregung hingestellt. Wie so oft liegt auch hier die Wahrheit nicht in der Mitte, sondern auf einer anderen Ebene des Werk-Lebens-Bezugs. Gleichwohl ist es von Nutzen, sich die Argumente der beiden Lager in Erinnerung zu rufen, denn sie vermögen indirekt die eigentümliche Physiognomie dieses Werks sowie seine meist unterschätzte Bedeutung zu verdeutlichen.

Für eine biographische Erklärung der Entstehung des *Tagebuchs* hat bereits Niejahr plädiert. Seine Argumente sind noch heute bedenkenswert: „Wer mit Ursprung und Art des Goethischen Dichtens nur einigermaßen vertraut ist, wird nicht zweifeln, daß in der That ein wirkliches Erlebnis vorausgesetzt werden muß. ... Denn sicherlich ist die Scene, die das Gedicht in voller Nacktheit vor unseren Augen enthüllt, nur eine freie und willkürliche Umgestaltung eines thatsächlichen Vorganges, der selbst wesentlich anders und vermutlich bedeutend harmloser geartet gewesen sein wird."[1] Niejahr argumentiert also ganz im Geiste jenes um die Jahrhundertwende noch neuen, heute jedoch vielfach diskreditierten Goethe-Verständnisses, der Vorstellung von Goethe als dem Erlebnisdichter. Diesem Konzept haben sich die literarischen Anregungen, die Niejahr selbst als erster aufgedeckt hat, unterzuordnen; sie sind gegenüber dem „Erlebnis" sekundär. Die naheliegende Frage, welche Schlüsse zu ziehen wären im Hinblick auf das damalige monumentalisierte Goethe-Bild, wenn wir das „Erlebnis" eines solchen Versagens zu postulieren hätten, läßt Niejahr wohlweislich auf sich beruhen. Im übrigen lehnt er es ab, jenes Erlebnis zu lokalisieren und zu datieren; solche Nachforschungen erklärt er für „ebenso geschmacklos wie wahrscheinlich vergeblich."

Weniger Geschmack, dafür aber eine kräftig entwickelte biographische Neugierde haben einige andere Autoren bewiesen. Salomon Hirzel, der Entdecker des *Tagebuchs*, soll sogar eigene Nachforschungen angestellt und festgestellt haben, daß das im Gedicht ausgebreitete erotische Abenteuer auf ein Erlebnis Goethes in Eibenstock in Sachsen zurückgehe.[2] Max Mendheim hingegen verweist ungläubig und bloß kuriositätshalber auf eine „alte Weimarer Tradition," derzufolge Goethe in der kleinen Ortschaft Frankendorf auf dem Wege von Weimar nach Jena ein solches Erlebnis gehabt haben soll.[3] Eine weitere Kandidatur für die Ehre, Goethe jenes denkwürdige Erlebnis verschafft zu haben, hat sodann Felix A. Theilhaber in die Diskussion gebracht, ohne uns allerdings den Namen des offenbar in Böhmen gelegenen Ortes zu enthüllen. Trotzdem erklärt er mit erstaunlicher Bestimmtheit, daß Goethe ein solches „Erlebnis," ausgelöst durch einen Radbruch, wenige Jahre vor 1808, „auf einer Fahrt zur Kur" gehabt habe, und daß die Erinnerung an jenes Erlebnis im Jahre 1808 auf der Reise von Karlsbad nach Franzensbrunn die Niederschrift des *Tagebuchs* veranlaßt habe.[4] Auf das Detail des Radbruchs, die damals häufigste Form von Verkehrsunfall, beruft sich auch Hans M. Wolff. Er lokalisiert einen solchen Unfall Goethes „unweit Jena in Neustadt", meint aber ansonsten, daß wir es „offensichtlich ... hier mit einer symbolischen Darstellung des Sylvie-Erlebnisses zu tun" haben.[5]

Da für alle diese Vermutungen niemals auch nur die geringste Evidenz erbracht worden ist, bleibt das alles ein ebenso groteskes wie aussichtsloses Ratespiel. Einen gewissen Begriff von Erlebnisdichtung, wenn auch einen undogmatischen, bringt selbst Siegfried Unseld noch in Anschlag. Wie Niejahr hält er die Suche nach biographischen Modellen für müßig und erklärt: „Lassen wir dem Autor sein Erlebtes!" Andererseits hält er dann aber, nicht ganz konsequent, an der Existenz eines solchen Erlebten fest, zumal es Goethe angeblich an „Gelegenheit" zu solchen „Begegnungen ... wahrlich nie gemangelt" habe. Und so ergeht er sich dann doch in aussichtslosen Vermutungen über die Identität der Person und prüft nacheinander die Möglichkeit, daß es sich um Minna Herzlieb, Caroline Ulrich (der späteren Frau von Goethes Sekretär Riemer) oder Sylvie von Ziegesar gehandelt haben könnte. Schließlich entscheidet er sich für eine modifizierte Erlebnis-These, in etwa die Mitte haltend zwischen dem biographischen und literarischen Lager: „Goethe dürfte also Erlebnisse und Erfahrungen gehabt haben, die ihn beschäftigten und die ihn dann, als er in der Weltliteratur ‚ähnliche' Motive fand, zur eigenen Gestaltung angeregt haben."[6]

Es ist aufschlußreich zu sehen, wie alle diese biographischen Annäherungen an das Gedicht in eine vage und zuletzt rein spekulative Erklärung münden. Hier verbinden sich eine fragwürdige Literaturauffassung – die Theorie vom Erlebnis-Dichter Goethe – mit einer veräusserlichten Lesung des Gedichts als der Gestaltung eines amourösen Abenteuers mit erbaulicher Moral und verstellen sich so den Blick auf die eigentliche Bedeutung des Gedichts und die lebens- und werkgeschichtlichen Zusammenhänge, in denen es gründet.

Ein ähnlich unbefriedigendes Bild ergibt sich, wenn

wir auf die Verfechter einer rein literarischen Anregung des *Tagebuchs* einen Blick werfen. Friedrich Wilhelm Riemer, mit dem Goethe Gespräche über die *Novelle galanti* des Abbé Casti geführt hatte, erklärte quasi ex cathedra, bei diesem Gedicht handle es sich um ein „lusus ingenii"[7] – ein Spiel der Phantasie, wodurch er wohl alle biographischen Spekulationen im Keim zu ersticken hoffte. Diese Erklärung hat einer ganzen Gruppe von Autoren das Stichwort geliefert zur Abwimmelung jeglicher kritischen Neugierde auf die tiefere Bedeutung des Gedichts. Ganz im Sinne Riemers bestand auch Heinrich Düntzer auf einer rein literarischen Erklärung des Gedichts im Sinne einer leichtgewichtigen Produktion: „Es enthält kein eigenes Erlebnis, sondern ist wohl ganz freie Dichtung."[8] Man braucht nicht, wie es Theilhaber getan hat, diese Herleitung des *Tagebuchs* aus literarischen Quellen auf die „Sucht der Biographen" zurückzuführen, Goethe „schulmeisterlich als nicht so unsittlich gelten zu lassen,"[9] um das Unzulängliche an diesem Verfahren einzusehen. Die Unzulänglichkeit tritt in den dürren Ergebnissen solcher Quellensuche deutlich genug zutage. Gleichwohl behält der Vergleich mit den wenigen, entfernt verwandten Stellen in der älteren Literatur einen gewissen Wert, weil diese die Konturen des Goetheschen Gedichts und seine andersartige Haltung der Sexualität gegenüber deutlicher erkennen lassen.

In dem von Niejahr zuerst als Quelle reklamierten Gedicht aus Ovids Liebesgedichten *Amores* (III, 7) liegt die klassische Gestaltung eines Potenzversagens vor. So unbestreitbar identisch der nackte Tatbestand, so ganz anders die Konstellation. In der Ovidschen Elegie steht ein junger Mann im Mittelpunkt, seine Liebesgenossin ist eine bekannte, begehrenswerte Frau – das Gegenteil einer schüchternen Unschuld vom Lande; keine zufällige Begegnung hat die beiden zusammengeführt, sondern eine Verabredung, die das Ergebnis langer Bemühungen um diese Frau ist. Doch hier nun versagt er schmählich, trotz aller Versuche der offenbar in solchen Dingen nicht unerfahrenen Frau, seinem wie von einem Gift gelähmten Glied wieder aufzuhelfen. Dem Mann, der sich einschlägiger Großtaten bei mehreren anderen Frauen rühmen kann, ist sein Versagen unerklärlich, und der Dichter führt ihn zu keinerlei Einsicht in die Ursachen seines Mißgeschicks. So endet denn das Gedicht auch nicht mit der Wiederherstellung der Potenz. Ovid lenkt zum Abschluß den Blick auf die Frau, die sich demonstrativ und ausführlich wäscht, weil sie den Spott ihrer Mägde über die ihr widerfahrene Schmach fürchtet und deshalb lieber einen Erfolg ihres enttäuschenden Liebhabers vortäuscht. Offenbar geht es hier ausschließlich um das Versagen, seine Rätselhaftigkeit und die Schmach der beiden Betroffenen. Von solchen Gesichtspunkten jedoch hat sich Goethes Gedicht weit entfernt.

Ebenso wenig tragfähig sind die motivlichen Parallelen zu einer Episode in Ariosts *L'Orlando furioso*, die als Quelle geltend gemacht wurde. Das Potenzversagen widerfährt hier, begleitet von der unverhohlenen Schadenfreude des Erzählers, einem älteren Mann – pikanterweise ein lüsterner Eremit –, der die junge, schöne Angelika zu vergewaltigen versuchte. Hier findet kein Gespräch statt, es geht im Gegenteil sehr gewalttätig zu. Bezeichnenderweise wird die ganze Szene beherrscht von dem satirischen Vergleich mit einem gestürzten Pferd, das trotz allen Zügelrüttelns und allen Stöhnens nicht mehr zu Diensten zu stehen vermag. Auch hier stellt sich die Potenz nicht wieder ein, und so läßt Ariost den Alten, ermattet von seinen vergeblichen Bemühungen, bald einschlafen. Auch hier also ist die Situation eine ganz andere als bei Goethe; ebenso unterscheidet sich der Ton heiterer Gelassenheit des *Tagebuchs* vom satirischen Spott Ariosts an dieser Stelle. Als eine Quelle, wie Max Morris und Max Mendheim meinten, wird man den *Rasenden Roland* deshalb nicht betrachten können, so wie man auch die These Horst Rüdigers, wonach das „zentrale Thema" des Goetheschen Gedichts „ariostisch" sei, letztlich nicht akzeptieren kann.[10] Der Vorbildlichkeit der Ariostschen Stanzenform für *Das Tagebuch* wird damit kein Abbruch getan; nur wäre es verfehlt, von der Anknüpfung im Formalen auf eine Abhängigkeit auch im Thematischen zu schließen.

Somit müssen auch die Versuche, die Entstehung des Gedichts als das Ergebnis literarischer Anregungen und als Spiel der Phantasie zu erklären, als unbefriedigend bezeichnet werden. Abgesehen von der Thematisierung der sexuellen Impotenz hatten die beiden Beispiele bei Ovid und Ariost keine Bereicherung der Goetheschen Konzeption zu bieten; hier läßt sich keine Position erkennen, mit der sich Goethe explizit oder implizit in seinem Werk auseinandergesetzt hätte. Allenfalls mochten Ariost und Ovid ihm als literarische Kronzeugen gedient haben, die ihm bei seinem gewagten Unternehmen ermutigen konnten. Eine offene textliche Bezugnahme läßt sich allein im Falle des Tibull-Mottos feststellen; nur hier darf, wie wir gesehen haben, von einem literarischen Antwortverhältnis zwischen Goethes Gedicht und dem Text von Tibull gesprochen werden.

3. Antezendentien I: *Erotica Romana.*

Die Suche nach einem zugrundeliegenden Erlebnis oder einer literarischen Quelle bleibt nicht zuletzt deswegen so unbefriedigend, weil sie das Entstehen eines doch sehr komplexen Gedichts auf einen auslösenden Faktor zurückzuführen trachtet. Angesichts der historischen Tiefendimension, die *Das Tagebuch* unleugbar besitzt, muß jedoch von vornherein mit einem ganzen Bündel solcher Faktoren gerechnet werden, genauer gesagt: mit einer Reihe von Anstößen und Entwicklungen, die sich erst im Rückblick als die notwendigen Antezendentien einer ansonsten unerklärlichen Hervorbringung erkennen lassen. In diesem Sinne gilt es zunächst einmal zu klären, wann und unter welchen Umständen sich bei Goethe jener Durchbruch zu einer Gefühls- und Ausdruckswelt vollzogen hat, der eine so kühne Konzeption wie die des *Tagebuchs* überhaupt ermöglichte. Und wenn das Gedicht als poetische Reflexion auf die Bedingungen der eigenen künstlerischen Potenz zu deuten ist, so ist desweiteren nach der Lebensepoche zu fragen, in der Goethe eine Schaffenskrise und ihre Überwindung erlebte.

Es ist leicht einzusehen, daß eine so unverkrampfte und heitere Darstellung des Geschlechtlichen wie sie das Gedicht von 1810 auszeichnet, erst aufgrund ganz bestimmter Lebenserfahrungen möglich war. Um von den Imponderabilien des männlichen Geschlechtslebens mit solcher Gelassenheit sprechen zu können, bedurfte es eines Durchbruchs zu einer Ausdruckswelt, in der die Sexualität als selbstverständlicher Gegenstand von Dichtung anerkannt war. Das war im Werk des jungen Goethe und auch noch während des ersten Weimarer Jahrzehnts entschieden nicht der Fall. Die Liebeslyrik jener Epoche

– das hat die psychoanalytisch orientierte Goethe-Literatur überzeugend nachgewiesen – bezieht ihren poetischen Schmelz nicht aus der Erfahrung einer frei entfalteten Sexualität, sondern aus deren oft peinigender Unterdrückkung und Sublimierung. Dieser Durchbruch zu einer neuen, das Geschlechtsleben in sich aufnehmenden Gefühls- und Ausdruckswelt hat sich in Goethes Leben bekanntlich erst relativ spät, in Rom, vollzogen. Erst während seines zweiten römischen Aufenthalts, in der Beziehung zu der als Faustina bekannten Geliebten, beginnt er ein für unsere Begriffe normales Geschlechtsleben zu führen. Unmittelbar nach seiner Rückkehr aus Italien setzte sich diese Wendung zu einem freieren Verhältnis gegenüber der Sexualität in dem Verhältnis zu Christiane Vulpius fort, an der er, trotz der offenen und versteckten Mißbilligung durch die Weimarer Gesellschaft, unbeirrt festhielt. Angesichts des einschneidenden Charakters seiner römischen Erfahrungen ist es durchaus gerechtfertigt, von Goethes sexueller Befreiung zu sprechen. Allerdings muß hier betont werden, daß sich diese Befreiung erst mit dem Durchbruch zu einer neuen, von psychischen und gesellschaftlichen Hemmungen nicht länger eingeengten Sprache vollendete und erfüllte.

Die Bedeutung der italienischen Reise für die Entwicklung von Goethes Geschlechts- und Gefühlsleben gilt in der psychoanalytischen Spezialliteratur längst als erwiesen. In der detailliertesten und kompetentesten Untersuchung zu diesem Thema, dem monumentalen zweibändigen Werk von Kurt R. Eissler *Goethe. A Psychoanalytic Study 1775–1786*, wird das sexuelle Erwachen Goethes eindeutig und völlig konsequent im Sinne der orthodox Freudianischen Position, die Eissler einnimmt, als psychische Genesung (recovery) diagnostiziert. Genesung: wovon? Ist die geschlechtliche Enthaltsamkeit, ob freiwillig oder – wie hier der Fall – von außen auferlegt, als eine Störung zu beurteilen? Im Sinne der Freudianischen Psychoanalyse ganz gewiß. Allein schon die Aufhebung dieser Störung berechtigt den Betrachter, von einer Genesung zu sprechen. Eissler geht jedoch über diesen Befund, der auch dem psychoanalytisch nicht vorgebildeten, aber unbefangenen Leser ohne weiteres einleuchtet, beträchtlich hinaus. Sein Verdienst besteht unter anderem darin, daß er die Diagnose der Störung, unter der Goethe vor seinem zweiten römischen Aufenthalt gelitten hat, auf eine bis dahin ungeahnte Weise präzisiert hat. Eissler konstatiert unumwunden eine ,psychosexuelle Impotenz' und als deren Hauptursache die Neigung zur *ejaculatio praecox*.[11] Diesen eindeutigen Befund anzuzweifeln, fällt schwer, da er auf einer ungewöhnlich differenzierten und scharfsinnigen Untersuchung des gesamten biographischen und literarischen Materials der vor-italienischen Periode basiert.

Es wäre nun aber voreilig und abwegig, von dem Eisslerschen Befund einer psychosexuellen Impotenz eine direkte Linie zur Thematik des *Tagebuchs* zu ziehen. Zunächst ist darauf aufmerksam zu machen, daß die von Eissler konstatierte Impotenz keineswegs identisch ist mit der, von der *Das Tagebuch* handelt. Die Pfade, die vom Leben des Dichters zum Werk führen, sind denn doch viel verschlungener und verwachsener und deshalb nicht völlig einzusehen. So viel ist jedoch ersichtlich, daß die Konzeption des Gedichts undenkbar ist ohne die in Rom erfolgte Versöhnung mit den Bedürfnissen und Möglichkeiten der eigenen Geschlechtlichkeit. Ja mehr noch: eine solche Konzeption ist erst aufgrund einer Befreiung auch der poetischen Sprache möglich – einer Befreiung, wie sie die *Römischen Elegien* gleichsam aufatmend bezeugen. Darüber hinaus ist jedoch noch ein anderes, für die Konzeption des *Tagebuchs* unerläßliches Moment in Rechnung zu stellen: das Gewahrwerden und damit auch die Anerkennung einer gravierenden Störung seines Geschlechtslebens. Goethe, der den Aufenthalt in Italien zunächst als Regeneration seiner künstlerischen Fähigkeiten feierte, später jedoch als eine umfassende Befreiung seiner ganzen Persönlichkeit, konnte sich unmöglich einer solchen Einsicht in die Beschaffenheit seiner psychischen Verfassung vor der ersehnten Regeneration verschließen. Nun erst, als mit der Hervorbringung der *Römischen Elegien* die Genesung vollendet und offenbar geworden war, mochte er schrittweise eine Ahnung davon bekommen, unter welcher Störung er in der voritalienischen Epoche zu leiden hatte. Erst aufgrund einer solchen Selbsterkenntnis konnte später das gänzlich tabuisierte Problem der Impotenz überhaupt thematisiert werden.

Aus diesen Überlegungen ergibt sich nun die Einsicht, daß die *Römischen Elegien* im Verhältnis zu dem zwanzig Jahre später geschriebenen *Tagebuch* als eine unerläßliche Vorstufe, als durchaus dazugehörige Antezedentien zu bewerten sind. Eine nähere Betrachtung der *Elegien* bestätigt diese Zusammenhänge auf eine bisher unvermutete Weise.

Es ist bei der Betrachtung dieser Gedichte zuvörderst daran zu erinnern, daß der zwanzigteilige Zyklus, der in fast allen Goethe-Ausgaben als *Römische Elegien* firmiert, keineswegs die ursprüngliche Konzeption Goethes darstellt. Die zwanzig Elegien sind vielmehr eine gereinigte und entschärfte Schrumpfform des Zyklus, der eigentlich auf 24 Elegien angelegt war. Als Goethe sich zur Veröffentlichung entschloß, im ersten Jahrgang von Schillers Zeitschrift *Die Horen* (1795), sah er sich genötigt, zwei an den phallischen Gott Priapus gerichtete Elegien zu sekretieren und sodann zwei weitere, angeblich zu explizite ebenfalls auszuscheiden. Mit nicht länger zu rechtfertigender Prüderie – und einem gewissen Mangel an philologischer Konsequenz – haben die Goethe-Editoren an dieser von den Umständen aufgezwungenen Selbstzensur festgehalten.[12] Rechtens jedoch gehören die beiden Elegien, die herkömmlicherweise als Paralipomena bezeichnet werden und die Nummern XXI und XXII tragen, an ihren ursprünglichen Platz an die 2. und 16. Stelle des Zyklus, während die beiden an Priapus addressierten Elegien unverkennbar die Funktion eines Prologs und Epilogs erfüllten. Dabei ist die Weglassung der beiden priapeischen Gedichte als besonders sinnentstellend zu beklagen, weil dadurch die übergreifende Sinnstruktur des Zyklus zerstört wird. In der XI. Elegie, also im Zentrum des Zyklus, ist der Wunsch des Dichters, dem Priap seinen bisher verweigerten Platz im Olymp, beziehungsweise der Werkstatt des Künstlers einzuräumen, ausdrücklich thematisiert. Die *Römischen Elegien* im ganzen leisten diese Rehabilitierung des phallischen Gottes, doch ist dieser Zusammenhang ohne den Epilog und Prolog kaum zu ahnen, ebensowenig wie der übergreifende mythologische und literarhistorische Rahmen, in den Goethe diese Elegien stellte.

Betrachtet man den Zyklus in seiner vollständigen Gestalt, so lassen sich die Beziehungen zwischen dem *Tagebuch* und den *Römischen Elegien* nicht länger übersehen. Eine Verwandtschaft läßt sich zunächst an zwei strukturellen Merkmalen feststellen. Beide Werke weisen eine 24-teilige Großstruktur auf; die Tatsache, daß es sich im einen Fall um Elegien von unterschiedlicher Länge, im anderen um jeweils achtzeilige Stanzen handelt, fällt dabei nicht ins Gewicht. Die andere Übereinstimmung liegt in der Rahmenstruktur vor, die hier von den beiden priapeischen Gedichten und dort den zwei „moralisierenden" Strophen gebildet wird. Diese beiden Indizien legen den Schluß nahe, daß sich Goethe bei der Konzeption des späteren Gedichts instinktiv an die ursprüngliche formale Organisation des früheren, künstlerisch so geglückten Werkes angelehnt hat. Diese strukturelle Verwandtschaft gewinnt noch an Gewicht, wenn sie als das Korrelat einer tieferen, geistigen Gemeinsamkeit erkannt wird. Zwar ergehen sich die *Elegien* in der schmucklosen aber biegsamen Form der Distichen, während sich *Das Tagebuch* in das prächtige Gewand der *Ottave rime* kleidet: aus beiden spricht derselbe sinnenfrohe, unschamhafte und übermütige Geist. Die Verwandtschaft der beiden Werke läßt sich auch an gewissen Details der inhaltlichen Konzeption aufweisen. So haben wir es hier wie dort mit derselben Figurenkonstellation zu tun: ein reisender Schriftsteller, der unerwartet einer anziehenden, zur Liebe bereiten jungen Frau begegnet. Aus dieser Konstellation erwächst nun der entscheidende poetische Gedanke: das In-Beziehung-Setzen von Liebesakt und Schreibakt, das, wie gezeigt, grundlegend ist für die Konzeption des *Tagebuchs*. Eben diesen Gedanken finden wir aber schon vorgebildet in den zurecht berühmten Zeilen der V. Elegie:

> Oftmals hab ich auch schon in ihren Armen gedichtet
> Und des Hexameters Maß leise mit fingernder Hand
>   Ihr auf den Rücken gezählt . . .

Gewiß, in der Elegie handelt es sich um die Inspiration des Dichters durch die Geliebte nach oder während des Liebesakts, der in dem späteren Gedicht jedoch scheitert. Entscheidend ist aber nicht dies, sondern das Ineinander-Denken von Dichten und Lieben, die Reflexion auf ihre Interdependenz. Am Ende der *Elegien*, der XX., aber eigentlich XXIII., wird dieser Zusammenhang im Gedanken, daß der Liebesakt den Schreibakt nach sich zieht, noch einmal bestätigt, wodurch der ganze Zyklus zu einem befriedigenden und doppelt beglückenden Abschluß gebracht wird:

Schwerer wird es nun mir, ein schönes Geheimnis zu wahren;
Ach, den Lippen entquillt Fülle des Herzens so leicht!
Keiner Freundin darf ichs vertraun: sie möchte mich schelten;
Keinem Freunde: vielleicht brächte der Freund mir Gefahr.
Mein Entzücken dem Hain, dem schallenden Felsen zu sagen,
Bin ich endlich nicht jung, bin ich nicht einsam genug.
Dir, Hexameter, dir, Pentameter, sei es vertrauet,
Wie sie des Tags mich erfreut, wie sie des Nachts mich beglückt.

Einen solchen befriedigenden Abschluß findet, trotz des vorausgegangenen Versagens, auch *Das Tagebuch*; wie hier wendet sich das Gedicht letztlich dem Akt des Schreibens zu.

Eine weitere, überaus bezeichnende Parallele zeigt sich in der diachronischen Perspektive, die beiden Werken zu eigen ist. In den *Elegien* ist das Erinnern der klassischen Vorwelt, der „Triumvirn" Catullus, Tibullus und Propertius, integraler Bestandteil des gegenwärtigen Erlebens der „Mitwelt" und der Geliebten, von Amor und Roma. Im *Tagebuch* muß die „Vorwelt" des Brautstandes erst durch einen Erinnerungsakt wieder lebendig gemacht und neu gewonnen werden; sie ist dort nicht mehr unmittelbar gegeben wie auf „klassischem Boden." Beide Werke projizieren aber das normgebende Ideal des Liebens in die Vergangenheit, und beide leben aus der Überzeugung, daß von dort her „ein frisch erquicklich Feuer" (Z. 164) herüberleuchtet und die Liebenden zu neuem Liebesglück „begeistert" und stets wieder zu begeistern vermag. Daß sich in dem Gedicht des Sechzigjährigen die Bedingungen dieses Er-innerns kompliziert haben, ist nur allzu offenkundig, tut aber dieser Ähnlichkeit der diachronischen Perspektive keinen Abbruch.

Die Zusammengehörigkeit von Liebesakt und Schreibakt findet ihren wohl konkretesten Ausdruck in der zweiten der beiden sekretierten priapeischen Elegien. Sie sollte ursprünglich dem ganzen Zyklus einen angemessen heidnischen und derben Abschluß geben. Wie auch im ersten priapeischen Gedicht spricht der Dichter hier nicht länger als Liebhaber, sondern er läßt den phallischen Gott selbst zu Wort kommen. Der einst fromm verehrte Gott der Fruchtbarkeit war zu einem Gartengott verkommen – verachtet, vergessen und beschmutzt. Erst durch die Gedichte des „redlichen Künstlers," des Dichters der *Römischen Elegien* also, ist Priapus rehabilitiert worden. Sein abgeschlagenes und beinahe schon verfaultes Glied ist ihm im „Gedicht" und durch die Dichtung in gereinigter Form zurückerstattet worden. Und für diese Rehabilitation läßt sich der Autor der *Römischen Elegien* nun standesgemäß von dem Gott Dank sagen, den dieser im Geiste einer gutwilligen Kameraderie mit dem doppelt tüchtigen, schreibenden Liebhaber, in eine Art Segenswunsch kleidet:

Dafür soll dir denn auch halbfußlang die prächtige Rute
Strotzen vom Mittel herauf, wenn es die Liebste gebeut.
Soll das Glied nicht ermüden, als bis ihr die Dutzend Figuren
Durchgenossen, wie sie künstlich Philänis erfand.

Der Glaube, daß ein redlicher, den Priapus als Gott ehrender Dichter auch ein tüchtiger Liebhaber zu sein hat, ist für den nachitalienischen Goethe eine stolz einbekannte Selbstverständlichkeit geworden. Auf diesem Glauben gründet eigentlich auch noch die Konzeption des *Tagebuchs*, auch wenn dort eine Situation reflektiert wird, in der der wundertätige Segen des phallischen Gottes, den sich Goethe mit den *Römischen Elegien* erworben haben wollte, einmal ausbleibt.

4. Antezedentien II: *Venetianische Epigramme*.

Goethe hat auf seiner zweiten Reise nach Italien, dem kurzen und enttäuschenden Aufenthalt in Venedig im Frühjahr 1790, an seine römischen Erfahrungen während des ersten, epochemachenden Italien-Aufenthalts anzuknüpfen versucht. Diesem Bemühen verdanken wir die *Venetianischen Epigramme*, von denen Goethe etwa 100 selbst veröffentlichte. Sie ergeben im Hinblick auf die Vorgeschichte des *Tagebuchs* keine neuen, über die *Römischen Elegien* hinausverweisenden Gesichtspunkte. Doch auch hier gilt es, den ganzen, unzensierten Goethe zu betrachten und die vielen sekretierten Epigramme dieser Sammlung zu berücksichtigen.

So tritt denn sogleich zu Beginn der sekretierten Gruppe von Epigrammen ein Themenkomplex zu Tage, der in dem Gedicht von 1810 eine prominente Stelle einnimmt, für den sich aber in den *Elegien* keine Belege angeben lassen. Die Rede ist von der anstößigen Konfrontation von Christus und Priapus, von Grieche und Nazarener. In den *Elegien*, die ganz das Glück der wiedergewonnenen antiken Tüchtigkeit im Lieben und Dichten atmen, sind die Abkehr von der christlichen Moral sowie die Opposition gegen Prüderie und Heuchelei ganz im Hintergrund gehalten. In den zurückgehaltenen *Epigrammen* hingegen treten die anti-christlichen Reaktionen in seltener Deutlichkeit in Erscheinung. Bemerkenswerterweise erhält diese Thematik schon hier eine Fassung, die auf das Gedicht von 1810 vorausweist, genauer gesagt auf die XVII Stanze. Dieser Zusammenhang bezeugt deutlich genug, daß auch die *Venetianischen Epigramme* zum Einzugsbereich des *Tagebuchs* gehören.

Nicht anders als in jener Strophe des späteren Gedichts wird auch hier am Bild des nackten Erlösers am Kreuz Anstoß genommen. Gegen diesen nackten Erlöser und damit gegen die ganze christliche Religion richtet sich eine Gruppe von Gedichten, vor allem jedoch die beiden ersten sekretierten Epigramme, die thematisch zusammengehören. In dem ersten („Sauber hast du dein Volk erlöst") wundert sich der Dichter über die Inkonsequenz der angeblichen Erlösung der Menschen durch den „Nazarener." Einerseits bestehe das christliche Gebot zur Vermehrung der Gotteskinder, andererseits jedoch sei der Liebes- und Zeugungsakt durch das Gift der Syphilis verunreinigt. Dem Jüngling bleibe nur die Wahl zwischen Masturbation oder Ansteckung. Offensichtlich ist das Menschengeschlecht erneut der Erlösung bedürftig geworden; deshalb die blasphemische Aufforderung des Dichters:

Komm noch einmal herab, du Gott der Schöpfung, und leide,
Komm, erlöse dein Volk von dem gedoppelten Weh!
Tu ein Wunder und reinge die Quellen der Freud und des Lebens:
Paulus will ich dir sein, Stephanus, wie du's gebeutst.

Das darauf folgende Epigramm („Heraus mit dem Teile des Herrn") schildert eine Szene während der Gründonnerstag-Liturgie in Venedigs San Marco Dom: ein Mädchen erleidet einen hysterischen Anfall und verlangt den Phallus des Erlösers zu sehen. Der Dichter kommentiert diesen Vorfall mit betont heidnischer Drastik und empfiehlt mit bewährtem Mephistophelischem Sarkasmus das entsprechende Körperteil eines anderen Gottes, von Lampedusa, d. h. des Priapus:

109

Armes Mädchen, was soll dir ein Teil des gekreuzigten Gottes?
Rufe den heilsamern Teil jenes von Lampsacus her.

Damit ist denn auch die im ersten Gedicht implizite
Frage nach dem Verhältnis des christlichen Erlösers zum
Liebesakt beantwortet. Für den nachitalienischen Goethe
stellt sich dieses Verhältnis als ein gegensätzliches dar.

Wir können also feststellen, daß alle wesentlichen ge-
danklichen Elemente der Konfrontation von Kruzifix
und Phallus im *Tagebuch* bereits in den *Venetianischen
Epigrammen* versammelt sind. Offenbar spielt hier das
umfassende Regenerationserlebnis des ersten Italien-Aufenthalts eine besondere Rolle: der sexuell Leidende und
endlich Genesene identifiziert das Kreuz und damit die
christlichen Moralgebote als das entscheidende Hindernis
in seiner eigenen Entwicklung. Das erklärt auch den auffallend grellen und aggressiven Ton in diesen Epigrammen. Im *Tagebuch* hingegen ist die Kreuz – Phallus –
Blasphemie zu einer Geste humoristischen Übermuts ge-
mildert. Die polemische Schärfe der antichristlichen Invektive im Namen einer natürlichen Geschlechtlichkeit
war für den sechzigjährigen Goethe kein vordringliches
Anliegen mehr. Dieses Thema war schon in *Die Braut
von Korinth* (1797) prinzipiell und in großem Stil behandelt worden und brauchte nun nicht mehr ausformuliert,
sondern nur noch gleichsam zitiert zu werden.

Ebenfalls erübrigt hatten sich das heidnische Lob des
Priapus wie überhaupt die antike Einkleidung des Geschlechtlichen, die dem Goethe der *Römischen Elegien*
noch notwendig und selbstverständlich war. Es bezeichnet die Seriosität, mit der Goethe die Rehabilitierung des
Priapus betrieb, daß er sich nach der Rückkehr aus Italien
1788 sehr eingehend mit der berühmten antiken Sammlung von Epigrammen, den *Carmina Priapeia*, beschäf-

tigte. Er ging sogar so weit, für den Herzog Karl August von Weimar – in intimen geschlechtlichen Dingen sein einziger Vertrauter – einen lateinisch geschriebenen Aufsatz mit scharfsinnigen textkritischen Anmerkungen zu neun der Gedichte zu verfassen.[13] Wie wir sahen, hat sich die genaue Kenntnis dieser Gedichte sowohl in der Gesamtkonzeption als auch in manchem Detail der *Römischen Elegien* niedergeschlagen. In gewissem Sinne können diese Gedichte als Zeugnisse eines poetischen Priap-Kultes bezeichnet werden, an dessen literarische Tradition Goethe explizit anknüpft. Als Goethe aber 1810 zu einem priapeischen Thema zurückkehrte, konnte er auf die Lobpreisung des Priapus verzichten, denn diese war in den *Römischen Elegien* ein für allemal geleistet worden. So konnte er im *Tagebuch* einem Thema von antik-heidnischem Realismus einen modernen bürgerlichen Rahmen geben, und anstatt das phallische und priapeische Vokabular bemühen zu müssen konnte er sich eine ganz persönliche, moderne Nomenklatur schaffen: den „Meister Iste."

Überblicken wir nun die ganze Periode der *Römischen Elegien* aus der Perspektive des *Tagebuchs*, so läßt sich sowohl die Nähe als auch die Distanz der beiden Positionen genauer ermessen. Es wird deutlich, wie sehr das Gedicht von 1810 an die in der italienischen Periode erschlossene Gefühls- und Ausdruckswelt anknüpft, daß es aber erst einer neuen Lebens- und Werkkonstellation bedurfte, um eine Konzeption wie die des *Tagebuchs* zu ermöglichen. Einige Elemente, die die Konzeption von 1810 mitbestimmten, sind schon um 1790 nachweisbar und lagen seit dieser einschneidenden Lebensepoche in Goethes dichterischer Phantasie gleichsam auf Abruf bereit.: die scham-lose poetische Behandlung des Liebesakts, die Korrespondenz von Schreibakt und Liebesakt, die Antithese von Christus und Priapus sowie ein Bewußtsein von den früheren Störungen des eigenen Geschlechtslebens. Einige andere grundlegende Elemente des Gedichts sind um 1790 noch nicht erkennbar und können erst in der Periode unmittelbar vor 1810 gewonnen worden sein: das Verhältnis von Brautstand und Ehestand, die Korrespondenz zwischen sexueller und künstlerischer Impotenz sowie der geheimnisvolle Vorgang ihrer Überwindung.

5. Brautstand und Ehe

Die nächste Etappe in der Vorgeschichte des *Tagebuchs* wird durch die Daten 1805 und 1806 markiert: das Todesjahr Schillers sowie das von Goethes Verehelichung. Beide Ereignisse und die dadurch gegebenen neuen Lebenserfahrungen haben auf ihre Art in Goethes innerer Biographie Epoche gemacht. Und die entscheidenden Lebensphasen – das hat die bisherige Betrachtung des Gedichts erkennen lassen – sind in der Konzeption des *Tagebuchs* reflektiert.

Es ist klar, daß die für das Gedicht so wichtige Dialektik von Braut und Herrin erst nach der Verheiratung mit Christiane Vulpius im Oktober 1806 denkbar und konzipierbar geworden war. Wir dürfen ohne weiteres annehmen, daß in das Bild der Herrin und der Braut im *Tagebuch* bestimmte Züge von Goethes Liebe zu Christiane eingegangen sind. Mit einem solchen biographischen Hinweis sind aber die Funktionen dieser Bilder im Gedicht sowie deren Vielschichtigkeit noch nicht erklärt. Die Neigung, das ganze Gedicht als eine verhüllte Huldigung an seine Frau Christiane aufzufassen, ist zwar verbreitet aber auch irreführend, weil dadurch der poetische Gehalt simplifiziert wird. Sicher lassen sich Berührungspunkte zwischen der im Gedicht evozierten Brautzeit und Goethes sexuell enthemmter Lebensweise mit Christiane in den ersten nachitalienischen Jahren angeben, doch bei genauem Hinsehen ergeben sich schon hier Komplikationen. Die Kennzeichnung seines Verhältnisses zu der jungen Frau als Brautstand ist eigentlich ein Euphemismus.Goethe und Christiane waren nie verlobt, und er selbst hat in seinen autobiographischen Schriften das Konkubinat mit ihr niemals als ein formell bekräftigtes Verhältnis dargestellt. Die Wörter Braut und Bräutigam beziehen sich bei Goethe stets auf die vorweimarische Zeit seiner Verlobung mit Lili Schönemann im Jahre 1775, der späteren Frau von Türckheim. Mit Lili jedoch hatte Goethe nicht im entferntesten jene sexuelle Beglückung erfahren, die aus dem *Tagebuch* spricht; im Gegenteil, er scheute vor der Aufnahme sexueller Beziehungen, die Lili offenbar gewünscht hatte, zurück, und eben dieser Punkt war, wenn wir Eissler glauben dürfen, ein wesentlicher Grund für Goethes Flucht nach Weimar und der Lösung seiner Verlobung.

Die retrospektive Verklärung des Brautstandes in den Strophen XV bis XIX macht sicher einen der bemerkenswertesten Züge des *Tagebuchs* aus. In einem Gedicht, das die sexuelle Begegnung eines älteren, verheirateten Mannes mit einem jungen Mädchen zum Gegenstand hat, mutet eine solche Rückwendung zum Brautstand einigermaßen überraschend an. Sie ist eigentlich, vom Motiv her, nicht notwendig. Das aber deutet auf ein verborgenes Bedürfnis und einen autobiographischen Antrieb bei der Konzeption des *Tagebuchs*. Dadurch wird die Frage nur noch dringlicher, was den Mann von sechzig Jahren dazu bewogen haben mochte, das poetisch verklärte Bild einer Brautzeit zu entwerfen, das von seiner eigenen Lebenserfahrung auf so pointierte Weise abweicht.

Merkwürdigerweise ist eine Verklärung des Brautstandes im Werk Goethes vor der italienischen Reise nicht festzustellen. Die Auflösung seiner Verlobung mit Lili hatte wohl zu viele seelische Narben und peinigende Erinnerungen an sexuelle Frustration hinterlassen, als daß er zu einer Idealisierung des Brautstandes in der Lage gewesen wäre. Das Bild ändert sich jedoch nach der Rückkehr aus Italien. Nun entstehen Werke wie *Alexis und Dora* (1796) und *Herrmann und Dorothea* (1798), deren Titel Brautleute benennen und die in eine verklärende Feier des Brautstandes als gleichsam der Blütezeit des Menschen münden. Spuren vom Geist dieser beiden Werke sind auch noch im *Tagebuch* zu spüren. Im Unterschied zu den beiden anderen Gedichten herrscht im *Tagebuch* jedoch eine rückwärts gewandte Perspektive: die Erinnerung eines verheirateten Mannes – eine bei Goethe neue und seltene Konstellation. Was aber mochte den erst seit kurzem Verheirateten dazu gebracht haben, seiner Verlobungszeit zu gedenken – denn daß hier ein biographischer Anstoß vorliegt, ist naheliegend.

Es war eine zufällige Begegnung, der Besuch von Lilis Sohn bei Goethe in Weimar im Dezember 1807, durch den das Fenster der Erinnerung aufgestoßen wurde. Sie veranlaßte Goethe einen kurzen, doch vor Rührung und Emotion gleichsam bebenden Brief an die einstige Verlobte zu schreiben:

Ihr lieber Brief, verehrte Freundin, kam zu spät, Ihr Herr Sohn schickte mir ihn von Dresden. Er war bei mir gewesen, ohne daß ich wußte, er sei es.
[...]
Zum Schluß erlauben Sie mir zu sagen: daß es mir unendliche Freude machte, nach so langer Zeit einige Zeilen wieder von Ihrer lieben Hand zu sehen, die ich tausendmal küsse in Erinnerung jener Tage, die ich unter die

glücklichsten meines Lebens zähle. Leben Sie wohl und ruhig nach so vielen äußern Leiden und Prüfungen, die zu uns später gelangt sind und bei denen ich oft Ursache habe an Ihre Standhaftigkeit und ausdauernde Großheit zu denken. Nochmals ein Lebewohl mit der Bitte meiner zu gedenken. Ihr ewig verbundener

Goethe.

An- und aufgeregt von der Erinnerung an jene ferne Lebensepoche erzählt Goethe wenige Tage darauf, im Wagen auf der Fahrt von Jena nach Weimar, seinem Sekretär Riemer die ganze „Geschichte seiner Verlobung mit Lili Schönemann," wie dieser in seinen *Mitteilungen über Goethe* berichtet. Wir wissen nicht, was Goethe im einzelnen erzählt hat; unzweifelhaft ist jedoch, daß er das Verhältnis zu Lili verklärt hat, so wie er schon Lili gegenüber eine von allen Schlacken des Schmerzlichen befreite Erinnerung bezeugt hatte. Der Vorgang ist ebenso merkwürdig wie überraschend. Nichts in den dazwischenliegenden Jahren bereitet den Betrachter auf die Schlußformel „Ihr ewig verbundener Goethe" vor. Sie mutet wie der Ausdruck einer plötzlichen Erkenntnis an, die aus dem Munde des neuvermählten, fast Sechzigjährigen etwas Wehmütiges und Betroffenes an sich hat. Noch überraschender jedoch ist die Versicherung, daß er die Tage der Verlobung mit Lili „unter die glucklichsten meines Lebens zähle." Hier ist man denn doch versucht, angesichts der persönlichen und poetischen Zeugnisse aus jener Zeit, eine Selbsttäuschung zu konstatieren – menschlich rührend zwar in dem Versuch, das Quälende und Problematische ihres Verhältnisses vergessen zu machen, aber eben unwahr oder doch nur halb wahr. Man muß Goethe beim Wort nehmen, um den psychischen Mechanismus zu verstehen, der ihm hier die Feder führt. Wenn er die Lili-Zeit zu der glücklichsten seines Lebens zählt, dann dürfen wir das als eine Art höherer Mogelei deuten: er schlägt die Lili-Zeit den Römischen Tagen zu, den unzweifelhaft glücklichsten seines Lebens, weil er will, daß auch in seinem Leben die Verlobungszeit mit dem Beginn eines aktiven Geschlechtslebens zusammenfalle. Ganz ungerechtfertigt ist die Erhöhung der Verlobungszeit zur glücklichsten seines Lebens allerdings doch nicht. Das Lebensglück und der Glanz jener Epoche, die mannigfach aus den Zeugnissen der Lili-Zeit sprechen, gründeten im Schaffensrausch des jungen Goethe; wovon die Erinnerung des Manns von sechzig Jahren beglückt wird, sind offenbar nicht die Liebesakte, sondern die Schreibakte seiner Verlobungszeit. Eben dieses Ineinander-Denken von Liebeskraft und Schöpferkraft ist, wie wir sahen, grundlegend für *Das Tagebuch*.

So hat die Erinnerung an Faustine und an Christiane zur Verklärung der Verlobungszeit und zur Erhöhung Lilis in Goethes Selbstverständnis beigetragen. Davon legen die betreffenden Kapitel am Ende von *Dichtung und Wahrheit* auf bewegende Weise Zeugnis ab. Wie vielschichtig das Bild der Verlobungszeit auch sonst in Goethes Alterswerk erscheint, zeigt wohl am eindrucksvollsten das Gedicht *Der Bräutigam* (1824). Im Vergleich zu der beglückenden Erinnerung an die Bräutigamszeit im *Tagebuch* nimmt sich das von einem düsteren Lebensernst gesättigte und symbolisch verdichtete Bild der Brautleute wie nicht dazugehörig aus; es handelt sich hier um komplementäre Gegenstücke.

So stellt sich das verklärte Bild der Verlobungszeit im *Tagebuch* als eine Art Vexierbild aus Goethes Unterbewußtsein dar. Es ist wohl zu deuten als ein Versuch, die Geschichte seines eigenen Geschlechtslebens gleichsam retroaktiv zu harmonisieren, und sich im Rückblick und über die Projektionskraft seiner dichterischen Phantasie eine sexuelle Wohlgeratenheit zu attestieren, die ihm das Leben versagt hatte. Hier zeichnet sich eine Tendenz ab, die charakteristisch ist für den alten Goethe: indem er beginnt, sich selbst historisch zu werden, erwacht das Bedürfnis nach autobiographischer Rechenschaft, und damit ist die Neigung zu harmonisieren und zu idealisieren bereits gegeben. Im Gedicht jedoch sind alle Zweifel an der Wirksamkeit dieser Projektion einer leicht bestechlichen Erinnerung ausgeschaltet. Dort entfaltet das Bild von der geschlechtlichen Potenz in ihrer Blütezeit eine wunderbare Wirkung über Raum und Zeit hinweg, die das vorübergehend beschädigte Liebes- und Schreibvermögen zu heilen vermag. Wir mögen diese Vorstellung als Mystik oder Aberglauben empfinden, für Goethe selbst jedoch exemplifiziert sich darin ein Begriff, der ihm im Alter besonders teuer werden sollte: der Begriff der wiederholten Pubertät. Er beruht auf dem festen Glauben an die Wiederholbarkeit der Pubertät, jedenfalls im Leben der von der Natur bevorzugten Individuen.

6. Die Schaffenskrise von 1805

Der Glaube an die Wiederholbarkeit der Pubertät und damit der Glaube, daß das schöpferische Potential erneuert und aufgefrischt werden könne, setzt die Erfahrung eines Versagens der künstlerischen Schaffenskraft voraus. Die Konzeption des *Tagebuchs*, in dem die sexuelle Impotenz als Symbol für das Versagen auch der dichterischen Potenz erscheint, kann nur aus einer tiefgreifenden Schaffenskrise hervorgegangen sein. Genau betrachtet setzt das Gedicht aber die Überwindung einer Schaffenskrise voraus; es konnte erst dann konzipiert werden, als die Wiederherstellung der bedrohten künstlerischen Potenz zweifelsfrei unter Beweis gestellt worden war. Ohne Wissen und ohne die Zuversicht, daß auch ein künftiges Erlahmen der Kräfte überwunden werden könnte, wäre Goethe wohl kaum innerlich frei genug gewesen, das Problem der Impotenz so gelassen und selbstsicher zu reflektieren, wie er es im *Tagebuch* getan hat.

Die Krise, von der hier die Rede ist, erstreckt sich von 1805 bis Ende 1807 und ist in der biographischen Spezialliteratur längst als solche beschrieben und gedeutet worden. Die Tiefpunkte dieser Krise werden durch den Tod Schillers im Mai 1805 und die militärische Niederlage Preußens vor den Toren Weimars, in der Schlacht bei Jena und Auerstädt im Oktober 1806, bezeichnet. Wie oft bei Goethe deutet sich die Krise im Ausbruch einer Krankheit im Frühjahr 1805 an, eines körperlichen „Übels," das ihn monatelang aufs Krankenlager warf und ihn an den Rand des Grabes brachte. Mit dem Tod Schillers war sodann einer der bedeutendsten und fruchtbarsten Schaffensperioden in Goethes Leben ein unwiderrufliches Ende gesetzt. Damit war aber zugleich ein Umbruchprozeß in seiner literarischen Produktion in Gang gesetzt, der nur langsam und schubweise und begleitet von schmerzenden Selbstzweifeln vonstatten ging.

Die Lähmung, die von diesen Erfahrungen hervorgerufen wurde, empfand Goethe als so tiefgreifend, daß er nicht länger fähig war, die sonst täglichen eigenhändigen Eintragungen in seinem Tagebuch fortzuführen. Die regelmäßigen Eintragungen für 1805 hören praktisch Ende Januar auf; für Februar, März und April finden sich zusammen nicht mehr als fünf, und für die übrigen Monate des Jahres ganze acht. Der Rest ist Leere. In dem autobiographischen Bericht über diese dunkle Periode in den *Tag- und Jahresheften* heißt es dazu: „Meine Tagebücher melden nichts von dieser Zeit; die weißen Blätter deuten auf den hohlen Zustand, und was sonst noch an Nachrichten sich findet, zeugt nur, daß ich den laufenden Geschäften ohne weitern Anteil zur Seite ging und mich von ihnen leiten ließ, anstatt sie zu leiten." Die Tiefe der Erschütterung spricht zwar verhalten, doch unüberhörbar auch aus den persönlichen Zeugnissen jener Zeit. An Karl Friedrich Zelter zum Beispiel schreibt er drei Wochen nach Schillers Tod: „Ich dachte mich selbst zu verlieren, und verliere nun einen Freund und in demselben die Hälfte meines Daseins. Eigentlich sollte ich eine neue Lebensweise anfangen; aber dazu ist in meinen Jahren auch kein Weg mehr." Ein Ausweg war zunächst in der Tat nirgends erkennbar. Dumpfheit und stille Verzweiflung ergriffen in einem Maß Besitz von ihm, daß diese ganze Zeitspanne mit Recht als eine Periode der „körperlich-geistigen Depressionen" beschrieben werden konnte, die weit bis in das Jahr 1807 andauerte.[14]

Hier war eine Schaffenskrise von solcher Erschütterung offenbar geworden, daß durch sie seine ganze Existenz als Dichter bedroht schien. Und diese Erschütterung äußerte sich am unmittelbarsten in der Unfähigkeit, das Tagebuch wie gewohnt weiterzuführen. Kein symbolträchtigeres Vorkommnis hätte erfunden werden können als diese geradezu paradigmatische Schaffenskrise im Leben eines Schriftstellers. Unverkennbar ist diese Erfahrung in das Gedicht von 1810 eingegangen, wo sie in der 5. Stanze deutlich zu fassen ist:

> Nun setzt ich mich zu meiner Tasch und Briefen
> Und meines Tagebuchs Genauigkeiten,
> Um so wie sonst, wenn alle Menschen schliefen,
> Mir und der Trauten Freude zu bereiten;
> Doch weiß ich nicht, die Tintenworte liefen
> Nicht so wie sonst in alle Kleinigkeiten: (Z. 33 f)

Wenn also eine bestimmte persönliche Erfahrung Goethes benannt werden soll, die bei der Konzeption des *Tagebuchs* eine besondere, auslösende Wirkung ausübte, so doch offensichtlich dieses Versagen des Tagebuchschreibers in der Krise von 1805. Jedenfalls wird man die Inspiration zu dem großen Gedicht eher in dieser Erfahrung suchen müssen als in Goethes sexueller Impotenz, über die ohnehin nur gemutmaßt werden kann.

Nichts ist für den Geist des *Tagebuchs* bezeichnender als seine „Getrostheit." Von der Depression und der Verdüsterung des Ausblicks, die die Schaffenskrise unzweifelhaft begleitet haben, ist im Gedicht nichts mehr zu spüren. Selbst die Verzweiflung und die Wut über das Versagen als Liebhaber, die in Strophe XIII zum Ausdruck kommen, haben eigentlich nichts Depressives an sich; sie markieren lediglich eine Zwischenstation auf dem Weg zu einer gänzlichen Aufheiterung der Stimmung. Es kann nun nach der bisher betrachteten Entwicklung kein Zweifel sein, daß diese Aufheiterung nicht einem vorübergehenden persönlichen Erlebnis, sondern letztlich der Erfahrung einer befriedigenden literarischen Produktion zuzuschreiben ist.

Fassen wir nun die drei Werke, die nach 1805 entstanden sind, näher ins Auge – also den *Sonetten*-Zyklus, *Pandora* und *Die Wahlverwandtschaften*, so läßt sich leicht einsehen, daß die Erfahrung einer künstlerischen Gesundung eigentlich nur mit und durch den Roman möglich war. Der Zyklus von Sonetten, der im wesentlichen Ende 1807 entstand, zeitigte keinen Durchbruch und keine völlige Überwindung der Krise. Gleichwohl läßt sich auch in den Sonetten die Spur, die zu dem Gedicht von 1810 führt, verfolgen. Denn hier bemerken wir eine erste, noch tastende Annäherung an das große Thema des Romans, die Dämonie der Leidenschaft, das auch die Konzeption des *Tagebuchs* mitbestimmt hat. Im einzelnen mag man darüber hinaus im Sonett *Freundliches Begegnen* einen Vorklang auf die Stanze IV unseres Gedichts erkennen. An beiden Stellen findet das unerwartete Erscheinen der Geliebten eine teilweise gleichlautende Formulierung:

> Ein Mädchen kam, ein Himmel anzuschauen,
> So musterhaft wie jene lieben Frauen
> Der Dichterwelt. Mein Sehnen war gestillet.
>
> –
>
> Ein Mädchen kam, des seltensten Gebildes,
> Das Licht erleuchtend. Mir ward gleich behäglich.
> (Z. 27 f)

Auch die ebenfalls Ende 1807 begonnene *Pandora*-Dichtung, die Goethe zu keinem befriedigenden Abschluß zu bringen vermochte, kommt aus eben diesem Grunde nicht für das hier zur Diskussion stehende produktive Erfolgserlebnis in Betracht. Trotzdem macht gerade das *Pandora*-Fragment einen wichtigen Teil des Weges einsehbar, der von der Schaffenskrise von 1805 zu der souveränen Konstatierung ihrer Überwindung im Gedicht von 1810 führt. Von besonderer Bedeutung sind hier einmal die Gegenüberstellung von Alter und Jugend in den beiden Figuren des Epimetheus und Phileros, die auch eine unterschiedliche Einstellung zur Liebe verkörpern, und zum andern die Verklärung der jugendlichen Genie-Existenz, die sich in Phileros anbahnt. Aber anders als im *Tagebuch*, wo Jugend mit einer unbeschwerten Liebes- und Schaffenslust gleichgesetzt ist, drückt sich in der Liebe des Phileros zu Epimeleia die ganze Ambivalenz des geniezeitlichen Liebesglücks aus, also auch der Werthersche Schmerz und das Leiden an der eigenen Empfindsamkeit. So zeichnen sich in *Pandora* schon sehr deutlich die Umrisse einer Thematik ab, die Goethe bis ins hohe Alter nicht müde wurde zu reflektieren: das Verhältnis von Alter und Jugend. In diesem Zusammenhang läßt sich die besondere Fassung, die diese Thematik im *Tagebuch* erhalten hat, unschwer aus der Selbstdarstellung Goethes in den Gestalten des Epimetheus und Phileros herleiten. Deutlicher jedoch als in *Pandora* wird in dem Gedicht die Frage erhoben, wie die Kreativität der Jugend ins Alter hinübergerettet, wie sie im Alter neu gewonnen werden kann.

Wenn *Das Tagebuch* ein produktives Erfolgserlebnis vorausetzt, so kann es nur der Roman gewesen sein, der Goethe die letzte Gewißheit verschaffte, die seit Schillers Tod während Schaffenskrise überwunden zu haben. Nicht nur deshalb markieren *Die Wahlverwandtschaften* einen ganz entscheidenden Wendepunkt in Goethes Schaffen. Mit diesem tragischen Roman – dem besten deutschen Roman, wie Thomas Mann versicherte – war eine Kunstleistung vollbracht, die den *Leiden des jungen Werther* (1774) zumindest ebenbürtig war und die erstaunlicher- und beglückenderweise dem Jugendroman auch in der Intensität der Leidenschaft und der Kraft der Sprache nicht nachstand. Die Frage, wie es zu dieser wunderbaren Erneuerung der Schaffenskraft gekommen war, drängte sich geradezu auf. Darüber hinaus erschloß der Roman neue Wege, auf denen sich Goethes Alterskunst weiterentwickeln konnte, neue Wege der symbolischen Dichtung und der Ironie. Mit anderen Worten, dieser Roman gewährte ein künstlerisches Genesungs- und Durchbruchserlebnis, das Epoche machte in Goethes künstlerischer Entwicklung und nicht zuletzt in seinem Selbstverständnis. *Das Tagebuch* reflektiert diese Erfahrung auf symbolisch verschlüsselte Weise, gekleidet in die Fabel eines erotischen Abenteuers, und zwar in unmittelbarem Anschluß an die Entstehungsgeschichte des Romans und in direkter Auseinandersetzung mit dessen zentraler Thematik.

7. Die Entstehung der *Wahlverwandtschaften* und des *Tagebuchs*.

Eine enge, geheime Kommunikation zwischen zwei so unterschiedlichen Werken wie dem sittenstrengen, tragischen Roman und dem scham-losen, humoristischen Gedicht scheint zunächst nicht sehr plausibel. Und doch sind *Die Wahlverwandtschaften* für ein tieferes Verständnis des *Tagebuchs* ganz unerläßlich, und zwar über den bisher betrachteten Aspekt: der Überwindung der Schaffenskrise, hinaus. Das Gedicht ist ganz offenbar und in genauem Wortsinn aus dem Roman hervorgegangen. Diese These läßt sich prinzipiell unter zwei Gesichtspunkten belegen: dem der Chronologie und der intertextuellen Beziehungen zwischen den beiden Werken. In einer Hinsicht stellt sich *Das Tagebuch* als eine Art poetischer Nachgeburt zu den *Wahlverwandtschaften* dar, in der anderen als Antithese dazu.

Das erste Zeugnis, das von der Genese des Romans überliefert ist, datiert vom 11. April 1808. An diesem Tag vermerkt das Tagebuch Goethes: „An den kleinen Erzählungen schematisiert, besonders den Wahlverwandtschaften und dem Mann von 50 Jahren." Ende Mai, nun schon in Karlsbad, wird mit dem Diktat begonnen. Ende Juli, nur zwei Monate später, ist das Werk bis zum 18. Kapitel, also bis zum Ende des ersten Teils gediehen – möglicherweise auch darüber hinaus, da die Kapitelzählung ursprünglich eine etwas andere war. Kurz vor der Abreise aus dem böhmischen Bad am 30. August schematisiert

Goethe den zweiten Romanteil sowie das Ende. Nach einer längeren Pause wird die Arbeit am Roman im April 1809 wieder aufgenommen, wobei weitere Schwierigkeiten mit dem Romanende sowie der endgültigen Kapiteleinteilung auftreten. Schon lange vor Abschluß des Diktats Ende September läßt Goethe, offenbar um sich selbst zu einer raschen Beendigung der Arbeit zu zwingen, mit der Drucklegung beginnen, so daß der Roman rechtzeitig zur Buchmesse erscheinen kann.

Betrachten wir nun die Zeugnisse, die von der Entstehung des *Tagebuchs* berichten, so fällt zunächst auf, daß die Beschäftigung mit dem Gedicht einen wesentlichen Teil der Arbeit an den *Wahlverwandtschaften* begleitet hat. Das erste Zeugnis, das die Entstehung des *Tagebuchs* anzeigt, berichtet von einem Gespräch mit Riemer auf der Fahrt von Karlsbad nach Franzensbad, dem damaligen Franzensbrunn, am 30. August 1808. Es ist das Ende des einmal mehr erfrischenden und wohltuenden Sommeraufenthalts in den böhmischen Bergen, und die Gedanken richten sich zwangsläufig auf das während des Sommers Geleistete, den ersten Teil des Romans. Ebenso selbstverständlich wird man auch über den Fortgang des Romans und das noch zu Leistende gesprochen haben. Dazu vermerkt das Tagebuch Goethes: „Früh um 6 Uhr von Carlsbad weggefahren. Unterwegs über die Wahlverwandtschaften gesprochen und gedacht. Schöner Nebelmorgen [...] Mittags in Maria Culm. Über eine Geschichte im Castischen Styl und Sinne. Bey Zeiten in Franzensbrunn." Die Schilderung des Reiseverlaufs wird bestätigt vom entsprechenden Eintrag in Riemers Tagebuch: „Um sechs Uhr von Carlsbad weggefahren. Über die Wahlverwandtschaften und was noch zu tun sein mochte. Gegen Mittag in Maria-Kulm. Über eine Geschichte in Castischem Sinn und Geschmack und höchst moralisch (erste Idee zu dem Gedicht *Das Tagebuch* 1810)." Es besteht kein Grund, an der von Riemer später hinzugefügten Identifizierung der Castischen Geschichte zu zweifeln, denn kein anderes Werk kommt in Frage. Das eigentlich Bedeutsame an diesen beiden Zeugnissen ist jedoch nicht so sehr der Hinweis auf die ursprüngliche Orientierung an Castis galanten Novellen, sondern die Tatsache, daß der Gedanke zu diesem Projekt ganz offensichtlich aus dem Gespräch über den Roman hervorwuchs. Ja mehr noch: wir dürfen schließen, daß der Gedanke zu dem Gedicht in der selbstkritischen Reflexion auf den bisher entstandenen Teil des Romans gefaßt wurde. Es ist, als ob Goethe sich innerlich dazu gedrängt fühlte, dem Roman etwas ganz anderes, doch damit Verknüpftes an die Seite und gegenüberzustellen: eine galante Novelle, „die noch zu tun sein mochte," weil der tragische Roman aufgrund einer wohl nur dunkel geahnten inneren Notwendigkeit nach einem solchen Gegenstück verlangte.

Diese Zusammenhänge bestätigen sich, wenn wir die Eintragungen in Goethes Tagebuch kurz vor der Abreise aus Karlsbad heranziehen. Nachdem er schon am 28. und 29. Juli den Roman bis zum Ende hin schematisiert hatte, machten sich bald Zweifel und Unsicherheit bemerkbar, die ein Neuüberdenken des ganzen Plans erforderlich machten. Dazu heißt es im Tagebuch am 28. und 29. August: „Die Wahlverwandschaften wieder vorgenommen und sie in verschiedenen Beziehungen durchgedacht," und: „Die Wahlverwandtschaften studiert." Offenbar konnte und wollte sich Goethe bei dem schon fixierten Ende des Romans nicht beruhigen. Diese Zweifel machten ihm auch noch im Frühjahr 1809, in der zweiten Arbeitsphase am Roman, zu schaffen. Es ist deshalb naheliegend, daß er über mögliche Alternativen zu der verhängnisvollen Liebesbeziehung zwischen Eduard und Ottilie nachdachte. Eine wirkliche Alternative innerhalb des Romans verbot sich jedoch aus künstlerischen Gründen; für Eduard und Ottilie kam nur das von Anfang an konzipierte Schicksal einer unentrinnbaren tragischen Selbstvernichtung in Frage. Eine solche Tragik erlaubte sich Goethe zeit seines Lebens jedoch nur selten und dann nur widerstrebend zu gestalten.

Unter diesen beunruhigenden Voraussetzungen und angesichts der doch immer wieder problematisierten Roman-Konzeption, mußte sich Goethes schöpferische Phantasie zu einer Ausflucht gedrängt fühlen. Sie ließ ihn mit dem Gedanken einer Alternativ-Konzeption spielen, das heißt mit dem in seiner Erinnerung unverlorenen Bild unbeschwerter, glücklicher Sinnlichkeit, wie die *Römischen Elegien* sie vergegenwärtigt hatten. Ein solches untragisches Bild des Dämons Eros war dem düsteren Verhängnis, das der Liebe in den *Wahlverwandtschaften* bereitet war, unter Umständen entgegenzustellen. Im Roman selbst sollte ein solches Gegenbild nicht erscheinen. Die eingeschaltete Novelle *Die wunderlichen Nachbarskinder,* die von einigen Interpreten als ein solches verhängnisfreies Gegenbild gedeutet wird, erfüllt diese Funktion, genau betrachtet, nicht. Auch die bloß aus der Distanz skizzierten Beziehungen des Grafen zur Baronesse stellen kein ernstzunehmendes Gegenbild dar. Es blieb demnach nur die Möglichkeit, ein eigenständiges Werk zu schaffen, indem der zerstörerischen Dämonie der Leidenschaft das Bild einer mit der Geschlechtlichkeit versöhnten, heiteren Liebesbeziehung und der moralischen Strenge eine menschenliebende Toleranz gegenübergestellt werden konnte.

Obgleich der Gedanke zu einem solchen Gegenbild schon während der Arbeit am Roman auftauchte, hatte

126

die Ausführung dieses Gedankens bis nach Abschluß des Werkes, das Goethe ein Höchstmaß an Konzentration abverlangte, zu warten. Die Zweifel aber, die Goethe schon am Ende des Karlsbader Sommers von 1808 hegte, hielten auch noch nach Abschluß der Arbeit vor. Goethe machte darüber in den *Tag- und Jahresheften* eine nur zarte, doch bemerkenswerte Andeutung: „der 3. Oktober befreit mich von dem Werk, ohne daß die Empfindung des Inhalts sich ganz hätte verlieren können."

Wir können nur spekulieren, in welchem Sinne sich Goethe mit dem „Inhalt" seines tragischen Romans weiterbeschäftigte, da keine diesbezüglichen Zeugnisse vorliegen. Am nächstliegenden ist jedoch die Vermutung, daß er zu dem Gedanken einer „Geschichte im Castischen Styl und Sinne" zurückkehrte, der ihm schon nach Abschluß des ersten Teils vor das geistige Auge getreten war. Auf eine solche Anknüpfung an das Gespräch vom 30. August 1808 deuten sodann die Notizen, die die Ausarbeitung und Niederschrift des Gedichts melden. Am 22. April 1810, nachdem er tags zuvor „Schlegels Recension von Gries' Übersetzung des Ariost" gelesen hatte, vermerkt das Tagebuch lakonisch: „An den Stanzen;" dasselbe am Tag darauf. Am 27. April bezeugt das Tagebuch eine Unterhaltung beim Mittagstisch über „moralische Erzählungen in Stanzen, Inhalt, Form, Reime." Zu diesem Zeitpunkt muß jedoch die erste Ausarbeitung des Gedichts im wesentlichen schon vorgelegen haben, denn am gleichen Tag schreibt er an Schillers Witwe: „Denken Sie einmal, daß mir seit einiger Zeit nichts mehr Vergnügen macht, als Gedichte zu schreiben, die man nicht vorlesen kann! Das ist denn doch, wenn man's genau besieht, ein pathologischer Zustand, von dem man sich je eher je lieber befreien soll." Demzufolge wäre das letzte, von Goethe stammende Dokument zur Entstehung des Ge-

127

dichts, der Eintrag am 30. April: „Die Stanzen ‚das Tagebuch' abgeschrieben." Auch Riemers Tagebuch meldet
am selben Tag: „Schrieb ich die Stanzen in Castis Manier:
‚Das Tagebuch' betitelt." Offenbar handelt es sich hier
um die erste Reinschrift des Gedichts, vermutlich in doppelter Ausführung von Goethes und sodann von Riemers
Hand: die eine, verlorene, zum Zwecke des Vorlesens,
die andere für das literarische Geheimarchiv bestimmt.

Diese Zeugnisse sind zwar spärlich, doch stützen sie
die hier entwickelte These von der Abhängigkeit des *Tagebuchs* von den *Wahlverwandtschaften*. Dabei verdient
die Auskunft im Brief an Charlotte Schiller besonders
hervorgehoben zu werden. Dort charakterisiert Goethe
das gerade entstandene Gedicht als zu gewagt und deshalb ungeeignet zum Vorlesen. Offenbar ist diese Charakterisierung so zu werten, daß Goethe auf das Zartge-
fühl der zur Prüderie neigenden Frau Schiller Rücksicht
nahm, denn in Wirklichkeit hat er das Gedicht wiederholt und in verschiedenen Häusern vorgelesen, wie das
Tagebuch für das Jahr 1810 ausweist. Besonders aufschlußreich ist nun aber das Geständnis, daß er seinen
Zustand als pathologisch empfinde und daß ihm nichts
ein größeres Vergnügen bereite, als sich von diesem Zustand frei zu schreiben. Offenbar hat Goethe die innere
Erregung, die selbst über den Abschluß des Romans hinaus andauerte, als pathologisch empfunden. Unter diesen
Vorzeichen mußte *Das Tagebuch* eine gleichsam autothe-
rapeutische Funktion gewinnen. Damit, so scheint mir,
ist der Stellenwert dieses großen Gedichts im psychischen
Haushalt des Sechzigjährigen aufs genaueste bezeichnet.

Wenn wir demzufolge *Das Tagebuch* als die notwendi-
ge und befreiende poetische Nachgeburt zum tragischen
Roman deuten, so darf doch nicht vergessen werden, daß
die Bedeutung des Gedichts weit über diesen subjektiven

Faktor hinausreicht. Am Anfang, das heißt Ende August 1808, mag hinter dem Gedanken an *Das Tagebuch* nichts anderes gestanden haben als der Künstlerinstinkt, dem düsteren Roman ein heiteres Gegenbild nachzuschicken, mit dem Goethe gehofft haben mochte, sich selbst emotional wieder ins Gleichgewicht zu bringen. Das war eine bewährte Methode. In diesem Sinne hatte er sich bereits im *Triumph der Empfindsamkeit* (1777/78) von den *Leiden des jungen Werther* (1774) zu distanzieren versucht. Zu einer ähnlich gegenbildlichen Produktion in kleinerem Maßstab fühlte sich Goethe auch im Falle des ebenfalls tragisch gestimmten Schauspiels *Torquato Tasso* veranlaßt; so lieferte er in dem Dramolett *Künstlers Apotheose* (1788) ein kleines, heiteres Gegenstück zu dem großen Schauspiel und zeichnete darin das Verhältnis des Künstlers zum Mäzen als eigentlich problemlos und harmonisch. Ein solcher Impuls zum Gegensteuern und zur Selbstkorrektur hat auch zur Konzipierung des *Tagebuchs* geführt, nur hat sich dieser Impuls zu einem großen Gedicht entfaltet, dessen Bedeutung sich jedoch keineswegs darin erschöpft, den *Wahlverwandtschaften* ein unbeschwertes und leichtgeschürztes Erotikon nachzuschicken.

Sobald sich Goethe mit dem ursprünglichen Gedanken näher beschäftigte, mußten sich ihm sofort tiefere Zusammenhänge und geheime Filiationen aufgetan haben, die sich zwanglos an diese Konzeption anschlossen und dem Gedicht die ihm eigentümliche autobiographische Tiefendimension verliehen. Wir dürfen annehmen, daß Goethe schon während der Arbeit an den *Wahlverwandtschaften* eine Ahnung vom Durchbruchcharakter des entstehenden Werkes hatte. Angesichts der endlich wieder unter Beweis gestellten künstlerischen Potenz mußte sich die später im Gedicht artikulierte Frage: „Wer hat zur Kraft ihn wieder aufgestählet" (Z. 161), zunächt einmal hier in Bezug auf die wiedererstandene Schaffenskraft stellen. Damit war aber auch die entscheidende Assoziation der geschlechtlichen mit der künstlerischen Potenz gegeben, des Schreibakts mit dem Liebesakt, die schon in den *Römischen Elegien* im Mittelpunkt stand. Und von daher eröffnete sich jene diachronische Perspektive auf die sogenannte Geniezeit, die Reise nach Italien sowie das Versagen der Schaffenskraft in der Periode nach dem Tod Schillers, die dem *Tagebuch* seinen einzigartigen Rang als symbolische Selbstdarstellung des sechzigjährigen Goethe in seiner Doppelexistenz als Liebender und Dichter verleiht. Nicht zuletzt aber wurde ihm dieses Gedicht gleichsam zu einem Prisma, durch das sich die zentrale Liebesthematik des Romans aus einer ganz neuen, wenn nicht farbigeren, so doch versöhnlicheren Perspektive betrachten ließ.

8. Ehe und Liebe: die Umwertung des Eros.

Sowohl in den *Wahlverwandtschaften* als auch im *Tagebuch* geht es um die psychologische und moralische Auslotung einer für die Literatur des 19. Jahrhunderts grundsätzlichen Problematik: dem Verhältnis von Liebe und Ehe. Goethe hat dieses Verhältnis in Bezug auf den Roman mit wechselnden Gegensätzen beschrieben. Im wichtigen 4. Kapitel des Romans wird mit Anspielung auf den Titel zwischen „Wahl" und „Naturnotwendigkeit" unterschieden; ein andermal beschreibt Goethe den Konflikt als einen „Kampf des Sittlichen mit der Neigung," wie Riemer von einem Gespräch im Dezember 1809 berichtet, und in Goethes Selbstanzeige des Romans im *Morgenblatt für gebildete Stände* ist von den „Mächten einer trüben, leidenschaftlichen Notwendigkeit" die

Rede, die sich auch im „Reich der heitern Vernunftfrei-heit" behauptet und über diese obsiegt. Wie auch immer das Verhältnis gefaßt wird: es ist jeweils der Eros, von dem eine Bedrohung der Ordnung ausgeht. Nach bürger-lichem und christlichen Selbstverständnis ist es Aufgabe der Ehe, den Eros zu domestizieren und zu zivilisieren – eine Aufgabe, die von der Ehe nicht immer geleistet wer-den kann – wie gerade *Die Wahlverwandtschaften* zei-gen. In diesem Roman aber hatte sich Goethe mit unge-wöhnlicher Entschlossenheit auf die Seite der Ehe, der Ordnung und der Sittlichkeit gestellt. „Der sehr einfache Text dieses weitläufigen Büchleins," schrieb er dem Abt Zauper am 7. September 1821, „sind die Worte Christi: Wer ein Weib ansieht ihrer zu begehren p.p." Das Ende des Romans scheint solchem moralischen Rigorismus rechtzugeben.

Vor dem Hintergrund der politischen Ereignisse und Entwicklungen in den zwei Dezennien vor der Veröf-fentlichung der *Wahlverwandtschaften* gewinnt Goethes Parteinahme für die Ehe als einer Ordnung stiftenden In-stitution ihren historischen Sinn. Eine solche Parteinah-me war für Goethe in der Epoche nach der Französischen Revolution und nach der Niederlage Preußens von 1806 geradezu zu einer „Forderung des Tages" geworden. Sie mußte ihm näher liegen als eine Verklärung des dämo-nisch bedrohlichen Eros. Neben den *Wahlverwandt-schaften* bezeugt vor allem *Die natürliche Tochter* (1803) eine solche grundsätzlich restaurative Haltung, die die bürgerliche Ehe zum „Bollwerk gegen die zerstöreri-schen Kräfte in der alten Gesellschaft" bestimmt.[15] Gleichwohl ist nicht zu verkennen, daß Goethe den Wil-len zur sittlichen Strenge, ja zur Kompromißlosigkeit, seinen eigenen, tieferen Neigungen abgerungen hatte. Hier ist an einen Selbstkommentar zu erinnern, den

Goethe später, als die Periode der *Wahlverwandtschaften* längst durch neue Metamorphosen auf Distanz gerückt war, in den *Tag- und Jahresheften* für das Jahr 1809, gegeben hat. Aus dem Roman, so bekennt er dort, spreche der Schmerz einer „Wunde, die im Heilen sich zu schließen scheut." Wie anders ist dieses bemerkenswerte Bild zu deuten als im Sinne eines inneren Widerspruchs, als ein Hinweis, daß sich instinkthafte, innere Kräfte gegen die Heilung einer vermeintlichen Wunde sträubten.

Und in der Tat sind diese inneren Vorbehalte gegen den moralischen Rigorismus des Romans keineswegs verdeckt und verleugnet. Man schaue sich nur die Gestalt an, die Goethe im Roman zum Anwalt der Heiligkeit der Ehe bestimmt hat. Sie heißt irreführenderweise Mittler und ist als die unangenehmste und peinlichste Figur des ganzen Werkes gezeichnet. Oder man denke an das Geschöpf, in dem sich die „Spuren trüber, leidenschaftlicher Notwendigkeit" am verderblichsten manifestieren, an Ottilie. An sie verschwendet Goethe den ganzen dichterischen Glanz, dessen sein beispielloses Talent zur Gestaltung junger Frauen fähig war. Diese sehr beredten Anzeichen einer inneren Zwiespältigkeit ließen sich leicht vermehren. Es kann angesichts dieses Sachverhalts nicht wundernehmen, daß Goethe schon in Karlsbad, sobald er sich über das Ende des Romans klargeworden war, darüber nachzusinnen begann, „was noch zu tun sein mochte." Offenbar sah sich Goethe bei einer Position angelangt, bei der er sich nicht beruhigen konnte und mochte. Mit dieser Position des moralischen Rigorismus hatte er zwar die Möglichkeit zu einer Dichtung von unerbittlicher Tragik gewonnen, doch nur um den Preis der Selbstverleugnung, ja des Verrats an seinem tieferen, besseren Ich. Hier war dem Eros die Rolle einer dämonischen Macht von trüber, zerstörerischer Wirkung zugeschoben,

die unverkennbar im Widerspruch stand zu einem Großteil seines eigenen, früheren Werkes und die für die kommende Lebens- und Schaffensepoche wahrlich trübe und
dämonisch verhangene Aussichten eröffnete. Dagegen
mußte der Dichter der *Römischen Elegien*, der er immer
noch war und der den Eros weder als zerstörerisch noch
als trüb erfahren hatte, Einspruch erheben; er mußte sich
auflehnen gegen die andere Hälfte seines Ichs, gegen den
Romancier, der sich dazu durchgerungen hatte, die
„Pflicht" über die „Liebe" siegen zu lassen. Hier durfte
nun das instinktmäßige Verlangen nach einer Revision
und Selbstkorrektur produktiv werden. Es kristallisierte
sich in der Konzeption des *Tagebuchs* – einer Dichtung
von seltener und geradezu radikaler Unbefangenheit, die
angesichts der großen Befangenheit des Romans in *eroti-
cis* eigentlich nicht überraschen kann.

Wenn es die Aufgabe des Gedichts war, ein Gegenbild
vorzustellen und eine Selbstkorrektur vorzunehmen, so
mußte das problematisch gewordene Verhältnis von Liebe und Ehe an der Stelle neu verhandelt werden, wo es im
Roman auf die Seite der Ordnung umgeschlagen war: in
jener für die Liebesthematik zentralen Szene im 11. Kapitel des ersten Teils, der Liebesnacht Eduards und Charlottes. Und wenn die Revision der Liebesthematik wirklich ein untragisches, heiteres Gegenbild zu jener Szene
errichten sollte, so mußten im Gedicht die Voraussetzungen des Liebesverhältnisses geändert und die Weichen anders gestellt werden.

Das hier zur Diskussion stehende Antwortverhältnis
des *Tagebuchs* zu den *Wahlverwandtschaften* ist bisher
allein von Johannes Niejahr bemerkt worden, der das
Gedicht zutreffend als ein „nach seinem sittlichen Gehalt
... antithetisches Seitenstück" zum Roman charakterisiert hat.[16] Kein Interpret ist seither diesem Gedanken

nachgegangen, um die Motivation und den genauen Modus dieser Antithetik zu klären. Gerade darauf kommt es jedoch an, wenn die große Bedeutung des Gedichts im Schaffenskontext des sechzigjährigen Goethe einsichtig gemacht werden soll.

Vergewissern wir uns zunächst der Gemeinsamkeiten und der konkreten textlichen Berührungspunkte zwischen den beiden Werken. Eine merkwürdige Beziehung wird zunächst einmal – wie zuerst Johannes Urzidil aufgefallen ist[17] – durch das Motiv des Radbruchs hergestellt. Im *Tagebuch* schafft der Radbruch die schöne Gelegenheit zu der Begegnung mit der Stern-Kellnerin. Im Roman nun vernehmen wir einen verblüffenden Kommentar dazu: „Der Reisende bricht unterwegs zu seinem höchsten Verdruß ein Rad und gelangt durch diesen unangenehmen Zufall zu den erfreulichsten Bekanntschaften und Verbindungen, die auf sein ganzes Leben Einfluß haben." (II, 10) Es muß offenbleiben, ob diese Beobachtung Charlottes der Konzeption des *Tagebuchs* zeitlich vorangeht, oder ob sie schon mit Kenntnis dieser Konzeption niedergeschrieben wurde. Letzteres gewinnt durch den Nachsatz eine gewisse Wahrscheinlichkeit: „Das Schicksal gewährt uns unsere Wünsche, aber auf seine Weise, um uns etwas über unsere Wünsche geben zu können." Im Roman bezieht sich diese Stelle auf die abwegige Spekulation Charlottes, daß es zu einer Verbindung Ottilies mit dem Hauptmann kommen könnte und kommen möge; es ist eine abgründige Selbsttäuschung. Liest man diese Stelle hingegen mit Bezug auf *Das Tagebuch*, so zeigt sie eine fast augenzwinkernde Ironie. Wie dem auch sei, das Motiv des Radbruchs, mehr noch die daran anknüpfenden Beobachtungen belegen an einem textlichen Detail die Zusammengehörigkeit der beiden Werke.

134

Das Antwortverhältnis der beiden Werke wird jedoch erst dann ganz deutlich erkennbar, wenn wir die Darstellung des Liebesakts betrachten. Hier wie dort geht es um die psychologische und moralische Deutung eines Liebesakts, durch den das Verhältnis von Ehe und Liebe an ihrer intimsten und entscheidenden Stelle problematisiert wird. In beiden Fällen, wenn auch mit ganz unterschiedlichen Folgen, behauptet „die Einbildungskraft ihre Rechte über das Wirkliche." Für Einbildungskraft könnte auch „Liebe" stehen und für das Wirkliche auch die „Pflicht." Man erinnere sich jener denkwürdigen Szene im 11. Kapitel des ersten Teils. Eduard umarmt seine Gattin, während er in Gedanken bei Ottilie weilt, so wie Charlotte gleichzeitig der Hauptmann vor der Seele schwebt. Offenbar wird wie im *Tagebuch* die geschlechtliche Potenz Eduards wie schon das Verlangen nach diesem Liebesakt allein von der abwesenden, wahren Geliebten aktiviert. Nicht umsonst trägt das Kind, das aus diesem Liebes- und Zeugungsakt hervorgeht, die Züge der imaginierten Liebespartner. Über die tiefe Unrechtmäßigkeit dieses völlig ordnungsgemäßen Liebesakts ist sich selbst Eduard, der sonst zu jeder Selbsttäuschung greift, sogleich im klaren. „Die Sonne schien ihm ein Verbrechen zu beleuchten," als er am darauffolgenden Morgen erwacht. Somit ist dieser Liebesakt als ein doppelter geistiger Ehebruch decouvrirt. Das Kind, das aus diesem geistigen Ehebruch hervorgeht, ist zum Tode schon vorherbestimmt; es bringt die beiden Gatten nicht näher zusammen, sondern trägt noch zum endgültigen Zerstörung der Ehe bei. Hier war denn der ebenso paradoxe wie gewöhnliche Fall, daß die sittliche Ordnung der Ehe von innen, gleichsam unter der Decke eines gänzlich „legitimen" Liebesakts, zerstört wird. Damit wurde aber – man sage, was man wolle – die wahre, von Liebe erfüllte Herzensbindung ins Unrecht gesetzt und Eros in die Rolle eines zerstörerischen Dämons verwiesen. Niemand konnte das schmerzlicher empfinden als Goethe selbst.

Im *Tagebuch* entfaltet der Dämon Eros eine vergleichbare Eigenwilligkeit, die jedoch eine entgegengesetzte, geradezu segensreiche Wirkung zeitigt. Wie im Roman stehen Liebe und Ehe in einem nicht stimmigen Verhältnis, und wie dort gilt die wahre, erotische Bindung der abwesenden Geliebten. In gezielter Umkehrung jener Konstellation im Roman begeht der Liebhaber des Gedichts keinen geistigen, sondern einen wirklichen Ehebruch – denn als solcher ist sein Verhalten streng genommen zu werten. Anders als im Roman jedoch wird dadurch keine Ehe zerstört und keine sittliche Ordnung unterminiert. Eros entgeht so der Denunziation als Agent einer „trüben, leidenschaftlichen Notwendigkeit." Eros erscheint hier vielmehr in dem Glanz, mit dem er sonst im Werk Goethes ausgestattet ist: als die allbewegende und allbelebende Zeugungskraft in der Natur wie im Geistigen. Nur unter diesen Vorzeichen konnte Goethe den von Eros gesegneten Liebesakt zum Symbol jeder höheren Begattung erheben.

Um zu dieser dem Roman entgegengesetzten Rechtfertigung des dämonischen Eros zu gelangen, bedurfte es jedoch ganz anderer Voraussetzungen auf Seiten des Liebhabers, auf den in beiden Fällen das psychologische Interesse konzentriert ist. Es bedurfte einer Gegenfigur zum Baron Eduard. Bei genauerem Hinsehen enthüllt der Liebhaber des Gedichts in der Tat Züge eines solchen Gegenentwurfs, so wie auch die Figur der Kellnerin als Gegenbild zu Ottilie gedeutet werden darf.

Eine der abgründigsten Selbsttäuschungen, in denen sich Eduard gefällt, ist seine Überzeugung, wenigstens in der Liebe ein Talent zur Meisterschaft zu besitzen, mögen auch seine übrigen Unternehmungen im Dilettantismus stecken bleiben. In Wirklichkeit jedoch wird auch sein Lieben als eine spezifisch dilettantische Nachahmung des Grafen und Ottilies gekennzeichnet. Demgegenüber stellt der Liebhaber des Gedichts, trotz des einmaligen, schülerhaften Versagens seine Meisterschaft im Lieben unter Beweis, wenn auch nur gleichnishaft. Im Gegensatz zum Baron Eduard, der auch als Gutsherr ein Versager bleibt, haben wir es im Gedicht mit einem erfolgreichen Handelsmann zu tun, einem Meister in seinem Metier. Das deutet auf den vielleicht entscheidenden Punkt in der Entgegensetzung der beiden Gestalten: ihr unterschiedliche, gesellschaftliches Profil. Dort ein Landadeliger, der innerlich am Vergangenen, am Unwiederbringlichen der vorrevolutionären Verhältnisse hängt; hier der Typ des bürgerlichen Kaufmanns, dessen Tun und Trachten ganz auf das Gegenwärtige gerichtet ist und der ohne Selbstzweifel nach „irdischem Gewinne" (Z. 10) strebt. Es ist deshalb höchst bezeichnend, daß der Liebesakt Eduards und Charlottes eigentlich durch Eduards nostalgisches Gespräch mit dem Grafen und die Erinnerung an das Unwiederbringliche stimuliert wird; nicht zuletzt deshalb entfaltet dieser Liebesakt eine so verderbliche Wirkung.[18] Dem Liebhaber des *Tagebuchs* hingegen ist die Erinnerung eine Quelle, die seine Liebeskraft belebt und ihn mit seiner Herrin wieder versöhnt. Die antithetische Entsprechung zwischen Gedicht und Roman findet schließlich einen besonders grellen Ausdruck in der unterschiedlichen Haltung zur Religion. In der Welt der *Wahlverwandtschaften* treffen wir auf eine Religiosität, die einerseits von einem selbstgerechten, moralischen Eifer und andererseits von einem Hauch nazarenerhafter Frömmelei geprägt ist. In dieser Sphäre wäre die kecke Vergleichung von Kruzifix und Phallus ein Sakrileg. Sie

137

stellt das ganze Andere, das Gegensätzliche dar und ist eben deshalb als eine gezielte Selbstkorrektur zu deuten.

Es kann nun nach den im einzelnen ausgeführten antithetischen Beziehungen zwischen den *Wahlverwandtschaften* und dem *Tagebuch* kein Zweifel sein, daß dem Gedicht ein höherer Stellenwert zugeschrieben werden muß als nur der eines heiteren Nachspiels zum Roman – ohne tiefere Bedeutung und auch ohne Nachwirkung auf die späteren Schaffensperioden. Vielmehr ist hier gleichsam eine Nachgeburt zum Roman zu diagnostizieren, die in einem tieferen Sinne als geradezu überlebensnotwendig bezeichnet werden muß. Ohne den Gedanken an *Das Tagebuch,* der aus dem Roman hervorgewachsen war und die Arbeit am zweiten Teil begleitete, wäre es Goethe wohl unmöglich gewesen, den Roman in seiner strengen Einseitigkeit und tragischen Wucht zu Ende zu führen. Ohne *Das Tagebuch* fiele es auch schwer, die Wandlung im Verständnis und der Bewertung des Eros nachzuvollziehen, die die Hauptwerke des Alters aufweisen.

Zu dieser Frage hat Walter Muschg, im Abschnitt „Goethe als Erotiker" seiner *Tragischen Literaturgeschichte,* die Beobachtung geäußert, daß der Übergang von der Liebesauffassung des klassischen Goethe zu der des späten Goethe vor allem durch *Die Braut von Korinth* und *Der Gott und die Bajadere* bezeichnet werde: „Die zwei großen erotischen Balladen leiten zu den Liebesdichtungen des alten Goethe über, in denen das Liebchen zur großen Hetäre wird."[19] So richtig die große Linie dieser Entwicklung auch gesehen ist, Muschg vereinfacht sie. Er konzediert keinen Rückschritt in dieser Entwicklung, den *Die Wahlverwandtschaften* doch wohl bedeuten, und er läßt das sehr zur Sache gehörige *Tagebuch* überhaupt unbeachtet. Es ist aber gerade dieses Werk, das den Übergang von der normgebundenen, auf die Idee der Ordnung fixierten Liebesauffassung, wie sie etwa in *Hermann und Dorothea* und vor allem in den *Wahlverwandtschaften* festzustellen ist, zu der heiter gelassenen Liebesanarchie, von der der *Divan* singt, und zu dem panerotischen Weltbild, das der zweite Teil des *Faust* verkündet, eher einsichtig macht als die beiden Balladen von 1797. Denn es ist ja nicht zu verkennen, daß die von der Eheproblematik unbeschwerte Feier des Eros in den Liebesgedichten des *West-östlichen Divans* sowie die Apotheose des Eros, „der alles begann", in der *Klassischen Walpurgisnacht* zu der Liebes- und Eheauffassung der *Wahlverwandtschaften* in einem unvermittelten Gegensatz steht. Ohne ein Verständnis der antithetischen Zusammengehörigkeit des Romans und des Gedichts bliebe dieser Gegensatz rätselhaft. Zieht man hingegen *Das Tagebuch* heran – also die spontane Revision und praktisch gleichzeitige Selbstkorrektur der Position der *Wahlverwandtschaften* – so enthüllt sich der Rigorismus des Romans als die Ausnahme, die dieses Werk im Schaffen Goethes im Grunde einnimmt. Und dann braucht für den *Divan* und den *Faust II* keine kategorische Umorientierung in Goethes Liebesauffassung postuliert zu werden. Gewiß, der tragische Geist des Romans bricht in der *Marienbader Elegie* (1823) wieder hervor, doch ist auch dort in dem *Aussöhnung* betitelten dritten Gedicht der *Trilogie der Leidenschaft* ein ähnlicher Impuls zu einer Revision, ein Versuch sich wieder ins Gleichgewicht zu bringen, bemerkbar. Auch zum Verständnis dieses Vorgangs liefern *Die Wahlverwandtschaften* und *Das Tagebuch* das Paradigma.

V. Thomas Mann und *Das Tagebuch:* Aspekte der Sexualität in *Der Zauberberg, Joseph und seine Brüder* und *Lotte in Weimar.*

Wie schon Goethe in seinem Gespräch mit Eckermann über *Das Tagebuch* vermutet hatte, ist das Thema des sexuellen Versagens des Mannes erst sehr viel später, im 20. Jahrhundert, eigentlich literaturfähig geworden. In der deutschen Literatur ist in diesem Zusammenhang auf Alfred Döblins Großstadtroman *Berlin Alexanderplatz* (1929) sowie, in jüngster Zeit, auf Max Frischs autobiographische Erzählung *Montauk* (1975) und Karl Krolows ebenfalls autobiographische Erzählung *Das andere Leben* (1979) zu verweisen – um nur drei bekannte Beispiele zu erwähnen. Zweifellos wären hier weitere Autoren und eine größere Anzahl von Werken zu nennen, wenn diese Thematik in Stoff- und Motivgeschichten Berücksichtigung fände. Ohne auf die drei genannten Werke und ihre gänzlich unterschiedlichen künstlerischen Zielsetzungen einzugehen, läßt sich schon auf den ersten Blick eine überraschende Feststellung treffen: weder bei Krolow noch bei Frisch oder Döblin wird das Thema mit derselben Scham-losigkeit oder auch nur vergleichbaren psychologischen Differenziertheit behandelt wie im Gedicht Goethes. Wie denn überhaupt auffällt, daß in der deutschen Literatur die Befangenheit in der Darstellung sexueller Phänomene im Vergleich zu Goethe eher zu- als abgenommen zu haben scheint. Von der heiteren, selbstironischen Unbefangenheit, die *Das Tagebuch* auszeichnet, ist bei Döblin nichts und bei Frisch und Krolow nur sehr wenig zu spüren. Man ist deshalb versucht, die Wirkung des Goetheschen Gedichts in der deutschen Literatur des 20. Jahrhunderts als äußerst gering einzuschätzen.

Demgegenüber hat Siegfried Unseld als erster den bemerkenswerten Versuch gemacht, die Wirkung von Goethes Gedicht im 20. Jahrhundert an einem konkreten Fall zu untersuchen: Rainer Maria Rilkes *Sieben Gedichten* (1915). Er argumentiert u. a., daß diese phallischen Hymnen ohne die Kenntnis von Goethes *Tagebuch* wohl nicht geschrieben worden wären. Dieser These ist im Prinzip zuzustimmen, so schwer es Unseld auch fällt, konkrete intertextuelle Beziehungen nachzuweisen. Als nachgewiesen darf aber gelten, daß Goethes Gedicht, von dessen Existenz sich Rilke überrascht und inspiriert zeigte[1], eine befreiende, gleichsam die Zunge lösende Wirkung ausgeübt hat. Es hat ihn, so scheint es, zu einer größeren Kühnheit der Sprache und Bildlichkeit für den Liebesakt inspiriert und ermutigt. Das kann jedoch nicht darüber hinwegtäuschen, daß die tieferen Anliegen des Goethischen Gedichts: die Bedingungen sexueller Potenz und Impotenz sowie die Korrespondenz von Schreibakt und Liebesakt in den *Sieben Gedichten* Rilkes keine Rolle spielen.

Wenn es darum geht, eine produktive Rezeption des *Tagebuch-Gedichts* aufzuzeigen, so bietet dafür das Werk Thomas Manns sicher reichhaltigere Belege. Seine Beschäftigung mit diesem Werk Goethes hat deutlichere Spuren in seinen Romanen hinterlassen als in den Gedichten Rilkes. Sie hat die bei Thomas Mann zentrale Thematik der Geschlechtlichkeit in einigen charakteristischen Zügen mitgeprägt. Das geht nicht nur aus den Romanen selbst hervor, sondern auch aus den kürzlich veröffentlichten *Tagebüchern*. Von der Bedeutung des Goetheschen Gedichts für Thomas Mann stellt sich zuerst dort eine Ahnung ein, wo das Problem der sexuellen Potenz, beziehungsweise Impotenz thematisiert wird, also vor allem im *Zauberberg* und in den *Joseph*-Romanen. Mit Recht hat schon Hans Mayer in seinem Thomas-Mann-Buch von 1950 auf die auffallende Rolle hingewiesen, die „männliche Tüchtigkeit und Potenz" in den Werken der zweiten Lebenshälfte spielen. Er ist der bisher einzige Interpret, der diesen Themenkomplex mit Goethes *Tagebuch* in Verbindung gebracht hat, ohne allerdings diesen Zusammenhängen nachzugehen. Seine damalige Beobachtung: „männliche Physis gehört daher als Problem und Moment unzweifelhaft in eine Darstellung von Thomas Manns Lebensmotiven,"[2] hat seither nichts von ihrer Gültigkeit verloren; im Gegenteil, sie hat durch die Veröffentlichung der *Tagebücher* an Aktualität gewonnen.

Allerdings beschränkt sich die Bedeutung des Gedichts keineswegs auf das Problem der Potenz und Impotenz. Vielmehr schließt sich diese Problematik an das im Frühwerk im Mittelpunkt stehende Thema der Homoerotik an, um später in das umfassendere der Bisexualität und der Androgynie einzugehen. So zieht sich mit wechselnder Akzentuierung ein facettenreicher Motivkomplex von Homoerotik, Impotenz, Potenz und Bisexualität fast durch das ganze Werk und, wie wir jetzt wissen, auch durch die *Tagebücher*. Thomas Mann hat diesen charakteristischen Themenkomplex mit nicht nachlassender Faszination und wachsender Souveränität sowie im klaren Bewußtsein des *tua res agitur* in verschiedenen Abwandlungen gestaltet. In dieser direkten wie indirekten Wirkung des *Tagebuch*-Gedichts manifestiert sich ein ebenso geheimes wie bedeutendes Moment in Thomas Manns vielberufener Goethe-Nachfolge. Bezeichnenderweise ist das entschiedenste Bekenntnis zum Ideal der Androgynie in ihrer tiefsten Bedeutung gerade in seinem Goethe-Roman zu finden. Und nicht zufällig wird dort auch von dem *Tagebuch*-Gedicht gehandelt.

Verfolgen wir die Spuren, die *Das Tagebuch* in den biographischen Zeugnissen und im Werk Thomas Manns hinterlassen hat. Im Jahre 1953 erhielt Thomas Mann ein Exemplar der als Manuskript gedruckten Sonderausgabe des Gedichts mit handkolorierten Zeichnungen von Max Schwimmer und einer Widmung des Künstlers zugeschickt. Das Exemplar ist im Thomas-Mann-Archiv in Zürich vorhanden; es trägt die Widmung: „Thomas Mann vom Zeichner gewidmet im Dezember 1953." In seinem Dankschreiben an Schwimmer gesteht nun Thomas Mann: „Ich habe für diese kecke Moralität immer eine besondere Neigung gehabt."[3] Die Auskunft mag zuerst überraschend anmuten, denn in seinem umfangreichen essayistischen Werk über Goethe geht Thomas Mann nicht näher auf das Gedicht ein. Nur an einer Stelle, in dem Princetoner *Faust*-Vortrag, der während der Arbeit an seinem Goethe-Roman geschrieben wurde, finden wir eine Erwähnung des Gedichts; es wird hier nur knapp als „erotische Moralität" charakterisiert.[4] Nicht verwunderlich ist es deshalb, daß *Das Tagebuch* in der beträchtlichen Spezialliteratur über Thomas Manns Goethe-Rezeption noch keine Rolle gespielt hat.

Seit der Veröffentlichung der Thomas Mannschen *Tagebücher* hat sich dieses Bild jedoch zu ändern begonnen. Mit der Kenntnis dieser sehr persönlichen biographischen Zeugnisse erscheinen bestimmte Aspekte der sexuellen Thematik in den Romanen in einem viel deutlicheren Licht als das vorher der Fall war. Vor allem läßt sich nun erkennen, daß eine produktive Rezeption des Goetheschen Gedichts in der Tat stattgefunden hat. Ihre Kenntnis ist unerläßlich für ein angemessenes Verständnis der Sexualität im Werk Thomas Manns.

Ausschlaggebend für den Verlauf und den literarischen Niederschlag der *Tagebuch*-Rezeption ist der Zeitpunkt, zu dem sie einsetzt: 1920. Das heißt: die Entdeckung des Gedichts fällt in eine der politisch aufgeregtesten Perioden in Thomas Manns Entwicklung, in eine Zeit des Umbruchs und der Neuorientierung. Sie brachte ihn zu der schmerzlichen Einsicht in die Fragwürdigkeit, ja Unhaltbarkeit mancher seiner weltanschaulichen Positionen, die er eben gerade in den *Betrachtungen eines Unpolitischen* (1918) mit großer Eloquenz und scheinbar völliger Selbstsicherheit vertreten hatte. Die Niederlage Deutschlands im Weltkrieg, das Ende des Kaiserreichs, der Ausbruch der Revolution in München, die politischen Morde der Nachkriegszeit: alle diese Anzeichen einer großen historischen Veränderung führten ihn allmählich zu der Erkenntnis, daß die bürgerliche Kultur des 19. Jahrhunderts, als deren Repräsentant er aufgetreten war, versank und unwiderruflich zu einem Ende bestimmt war. Für einen Repräsentanten der alten Kultur war es in einer solchen Umbruchsituation natürlich, daß er seine Aufgabe darin erblickte, die überlebensfähigen Werte jener Kultur, die durch den Krieg zu Fragmenten reduziert worden waren, in die neue Zeit hinüberzuretten. In diesem Sinne nannte er seinen ersten großen Essay, der nach den *Betrachtungen* entstand, *Goethe und Tolstoi* (1921) und gab ihm den bezeichnenden Untertitel „Fragmente zum Problem der Humanität." Auf der Kehrseite dieser instinktiv restaurativen Haltung zeigt sich jedoch eine bemerkenswerte Bereitschaft, sich von bestimmten Wertvorstellungen der alten bürgerlichen Kultur zu verabschieden, die den Begriff der Humanität nicht länger beeinträchtigen und kompromittieren sollten. Diese fortschrittliche Haltung manifestiert sich bei Thomas Mann mit besonderer Deutlichkeit auf dem Gebiet der Sexualität.

Thomas Manns Aufzeichnungen aus den Jahren

1918–1921, die von dem großen Autodafé der frühen Tagebücher, das er im Mai 1945 im Garten seines Hauses in Pacific Palisades veranstaltete, verschont blieben, bestätigen diese Ambivalenz. Sie zeigen, daß die Neuorientierung jener Jahre nicht nur weltanschauliche und politische Fragen betraf, sondern auch Probleme der bürgerlichen Liebes- und Eheauffassung. Dabei richtet sich die Reflexion mit besonderem Nachdruck auf die eigene sexuelle Identität. So stand der 45jährige, als er mit Goethes *Tagebuch*-Gedicht bekannt wurde, in einer Phase der wachsamsten Selbstbeobachtung, gerade auch des eigenen Geschlechtslebens. Ihre weitestreichende Bedeutung erhält Thomas Manns ungewöhnlich offene Reflexion auf die eigene Sexualität jedoch dadurch, daß sie zusammenfiel mit einem entscheidenden Stadium in der langen Entstehungsgeschichte des *Zauberbergs*, in dem es nicht zuletzt auch um einen neuen, humaneren Liebesbegriff gehen sollte. Zu dem Zeitpunkt, von dem hier die Rede ist, stand das Ziel der *éducation sexuelle* des Hans Castorp noch keineswegs fest; es veränderte sich mit der Entwicklung von Thomas Manns Selbstverständnis in den Jahren nach dem Weltkrieg.

Am 20. Februar 1920 vermerkt das Tagebuch Thomas Manns: „Das ‚Tagebuch' von Goethe kam in der Luxus-Ausgabe des ‚Phantasus-Verlags'." Offenbar hatte Richard Grossmann, von dem die Serie von Steinzeichnungen zum Gedicht stammt, ein Exemplar mit Widmung übersandt. Noch am gleichen Abend liest Thomas Mann das Gedicht: „Las nach dem Abendessen das Goethe'sche Tagebuch." Sein Urteil ist jedoch zurückhaltend und verrät kein tieferes Interesse: „Artige Moralität".[5] Dieser kargen Reaktion läßt sich wenig entnehmen, außer der Tatsache, daß er das Gedicht vorher offenbar nicht kannte, was angesichts der Publikationsgeschichte des *Tage-*

buchs nicht überraschen kann. Gleichwohl bestehen aber Gründe zu der Annahme, daß er in der Tat sogleich eine „besondere Neigung" zum Gedicht empfand, von der er in dem späteren Brief an Max Schwimmer spricht. Denn unverkennbar fand es sogleich eine gewisse Resonanz, auch wenn es zunächst nur eine indirekte Wirkung zeitigte.

Wenige Monate danach, im Juli desselben Jahres, stoßen wir in Thomas Manns *Tagebuch* auf eine relativ ausführliche Reflexion über die Gründe eines Potenzversagens: „Bin mir über meine diesbezügliche Verfassung nicht recht klar. Von eigentlicher Impotenz wird kaum die Rede sein können, sondern mehr von der gewohnten Verwirrung und Unzuverlässigkeit meines ‚Geschlechtslebens.' Zweifellos ist reizbare Schwäche infolge von Wünschen vorhanden, die nach der anderen Seite gehen. Wie wäre es, wenn ein Junge ‚vorläge?'" Es handelt sich hier offensichtlich um eine höchst private Selbstreflexion, an die zu rühren sich jeder Interpret scheuen müßte, wenn sich bei Thomas Mann Werk und Persönliches wirklich trennen ließen. Gerade im Hinblick auf die Thematik der Sexualität jedoch, die in diesem Werk eine zentrale Bedeutung hat, ist eine solche Trennung nicht möglich. Thomas Mann beobachtete sich selbst mit derselben beispielhaften Wahrheitsliebe des passionierten Psychologen, die wir aus seinen Romanen und Erzählungen kennen; diese sind ohne die Vorarbeit der Selbstanalyse nicht denkbar. Im Hinblick auf das eigene Geschlechtsleben war der Tagebuchschreiber Thomas Mann, wie Hans Mayer bemerkt hat, in der Tat „ungleich radikaler und schonungsloser als André Gide oder Brecht, gar nicht zu reden von Rousseau."[6]

Ein direkter Zusammenhang zwischen Thomas Manns Nachdenken über das Phänomen der Impotenz und Goethes *Tagebuch*-Gedicht läßt sich nicht nachweisen. Gleichwohl wird man vermuten dürfen, daß ein indirekter Zusammenhang besteht, und zwar aufgrund zweier Indizien. Zunächst ist zu bemerken, daß die biographischen Zeugnisse vor 1920 keinen Hinweis auf eine Potenzstörung enthalten; es hat den Anschein, daß erst die Bekanntschaft mit Goethes Gedicht ihn in dazu ermutigte, über dieses von Vorurteilen und Mißverständnissen verstellte Phänomen offen zu sprechen. Diese Vermutung verstärkt sich angesichts der Argumentation, mit der er sich selbst über die Störung hinwegtröstet: „Von eigentlicher Impotenz," so schreibt er, „wird kaum die Rede sein können. [...] Es wäre jedenfalls unvernünftig, wenn ich mich durch einen Mißerfolg, dessen Gründe mir nicht neu sind, deprimieren ließe. Leichtsinn, Laune, Gleichgültigkeit, Selbstbewußtsein sind schon deshalb das richtige Verhalten, weil sie das beste ‚Heilmittel' sind."[7] Klingt dieser Nachsatz nicht wie ein Echo auf Goethes Gedicht? Jedenfalls drängt sich der Eindruck geradezu auf, daß Thomas Mann an dieser Stelle das Phänomen des Potenzversagens in dem heiteren Lichte Goethes zu sehen und zu verstehen begann.

Gewiß sind in dem realen Falle Thomas Manns ganz andere Gründe für das Potenzversagen zu konstatieren als in dem fiktiven Gedicht Goethes. Thomas Mann war sich dieser Gründe sehr wohl bewußt; sie waren ihm „nicht neu." Es sind seine homoerotischen Neigungen und Interessen, die bis in die frühen Münchner Jahre, ja bis in die Schulzeit zurückreichen. Die Erzählungen und teilweise auch die autobiographischen Schriften legen ein mehr oder weniger verhülltes Zeugnis davon ab. Völlig unverhüllt hingegen sind die diesbezüglichen Geständnisse in den Tagebüchern. Sie sprechen in aller Klarheit aus, daß die „zentrale Herzenserfahrung" seines Lebens im Bereich der Homoerotik lag.[8] Da Thomas Mann alle Tagebücher vor 1918 vernichtet hat, wissen wir nicht, wann er sich über seine bisexuellen Neigungen völlig klar geworden ist. Wir besitzen auch kein persönliches Zeugnis aus jener Zeit, aus dem hervorginge, daß er Bisexualität anders als im konventionellen Sinne, nämlich als anormal, beurteilte. Es ist jedoch naheliegend zu vermuten, daß er sich seiner bisexuellen Interessen schon vor der Eheschließung (1905) und nach dem Ende seiner Freundschaft mit Paul Ehrenberg, eben jener „zentralen Herzenserfahrung" seines Lebens, bewußt geworden ist. Und wir dürfen weiterhin vermuten, daß er in der Ehe einen Ausweg gesucht und gefunden hat aus einer Situation, die sich psychologisch und gesellschaftlich als ein Dilemma darstellte. Das Heilmittel Ehe bewährte sich. Thomas Mann führte ein unzweifelhaft erfülltes und glückliches Eheleben. Seiner Lebensgefährtin gegenüber bezeugte er Liebe und Dankbarkeit, um so mehr als diese, nach den Tagebüchern zu schließen, gelegentlich sexuelle Störungen mit beispielhafter Toleranz und ungewöhnlichem Verständnis aufnahm. Damit schien das Problem der Homoerotik neutralisiert und ein in jeder Hinsicht glänzender, die Dehors wahrender Lebenskompromiß gefunden.

Der Schein trügt jedoch. Offensichtlich war es ihm nicht völlig gelungen, wie er einmal gehofft haben mochte, seine widerstreitenden sexuellen Neigungen im Sinne der damals wie heute herrschenden gesellschaftlichen Normen zu „normalisieren." Das bezeugen nicht nur die Tagebücher, sondern auch die Romane und Erzählungen, deren psychologisches Interesse in nicht geringem Maße auf der im Geschlechtlichen wurzelnden Problematik beruht. Denn dort, wo Thomas Mann als Bürger scheiterte, beim vergeblichen Versuch, seine Sexualität zu normalisieren, triumphiert er als Künstler: als der größte und tiefstblickende Psychologe des Geschlechtslebens in der deutschen Literatur.

Wie prekär das Glück der Normalität von Anfang an war, enthüllt schon der Roman des Jungvermählten: *Königliche Hoheit* (1909), in dem das Eheglück nicht zuletzt deshalb ein „strenges Glück" genannt wird, weil es auf der schonenden Anerkennung eines Handicaps, des verkrüppelten linken Arms, gründet. Welche Spannungen im Zeichen dieses „strengen Glücks" auszuhalten waren, läßt sodann *Der Tod in Venedig* (1912) ahnen. Gustav von Aschenbach, die repräsentative, im Geiste der Neuklassik konzipierte Künstler-Figur, hat aus dem Ehrgeiz, als bürgerlicher Schriftsteller Würde, Ruhm und Repräsentanz zu gewinnen, die Sinnlichkeit und letztlich die Sexualität aus seinem Leben verbannt. Seit etwa seinem dreißigsten Lebensjahr nimmt er eine dezidiert anti-dionysische Haltung ein. Dionysos jedoch kehrt zurück und macht ihn zum Opfer gerade jener Mächte, die er meinte unter Kontrolle gebracht zu haben, die er aber als Künstler, genau besehen, verraten hatte. Dionysos enthüllt sich als ein Rächer von gefährlicher und gezielter Bösartigkeit: er läßt Aschenbach in eine homoerotische Leidenschaft versinken, mithin in eine Form des Eros, die die Gesellschaft, die er zu repräsentieren begehrte, moralisch geächtet hat. Seine Tragik besteht darin, daß er, wie Richard Exner es interpretiert hat, mit der bedeutenden Geste, mit der er die Wiederkunft des Eros willkommen heißt, zwar einen ersten Schritt zu seiner Vermenschlichung unternimmt, daß er dadurch jedoch in eine von der Gesellschaft tabuisierte Liebe getrieben wird.[9] Das Schicksal aber, das Thomas Mann seinem Helden bereitet, wirft ein grelles Licht auf seine eigene, seelische Verfassung. Wie anders ist es zu deuten, als ein untrügliches

Zeichen seiner mit der Normalität noch unversöhnten Bisexualität?

In einem ausführlichen und wichtigen Brief von 1920 an den jungen Lyriker Carl Maria Weber hat Thomas Mann die Bedeutung der Homoerotik in der Venedig-Novelle zu erklären versucht. Darin wehrt er vor allem den Verdacht ab, daß er die Homoerotik habe verunglimpfen wollen. Ihre unverkennbar pessimistische Darstellung führt er auf seine „protestantisch-puritanische (bürgerliche) Grundverfassung" zurück, die für sein „gründlich mißtrauisches, gründlich pessimistisches Verhältnis zur Leidenschaft selbst und überhaupt" verantwortlich sei.[10] Offensichtlich handelt es sich hier um eine Geste der Beschwichtigung. Dem jungen Mann gegenüber beteuert er seine die Homosexualität achtende Haltung. Nach außen hin jedoch, und um seinen bürgerlichen Lebenskompromiß nicht zu unterminieren, bekennt er sich mit leicht forciertem Eifer zur Position der bürgerlichen Normalität. Immerhin gibt der Brief zu verstehen, daß die Tragik Aschenbachs etwas mit seinem eigenen zwiespältigen Verhältnis zur Homoerotik zu tun habe.

Wie tief dieser Zwiespalt reichte und wie wenig Homoerotik und Ehe versöhnt waren, geht nun mit bestürzender Deutlichkeit aus den gleichzeitigen Tagebüchern hervor. Während er auf der einen Seite, im Brief an Carl Maria Weber, eine sehr gewundene Verteidigung der homoerotischen „Gefühlsart" vorträgt, verrät das Tagebuch weniger Gelassenheit und Distanz in diesem Punkt. So veranlassen ihn gewisse Sorgen über den ältesten Sohn – „wie wird das Leben des Jungen sich gestalten?" – zu einer Bemerkung, die seinen ganzen Lebenskompromiß eigentlich in Frage stellt: „Jemand wie ich ‚sollte' selbstverständlich keine Kinder in die Welt setzen."[11] Zwar rechtfertigt Thomas Mann daran anschließend seine Existenz als Ehemann und Vater, doch bleibt der Eindruck, daß er Ehe und Vaterschaft, ungeachtet der Herzlichkeit und Liebe, die er dafür aufbringt, ein klein wenig als Spiel und Täuschung, als Lebenskunstwerk auffaßt. Unter diesen Vorzeichen eines doch schweren inneren Konflikts empfindet er seine nach wie vor lebendigen homoerotischen Interessen als „geschlechtliche Störung"[12] und als Beeinträchtigung seines heterosexuellen Geschlechtslebens. Zu diesem Zeitpunkt, also in den ersten Jahren nach Kriegsende, stehen sich in seinem Denken und Empfinden Ehe und Homoerotik noch unversöhnt gegenüber, wobei die Position der bürgerlichen Ehe den Vorrang hat und die Homoerotik wie auch die Möglichkeit der Bisexualität weiterhin als Abweichung von der Norm verdächtigt wird.

Eine gewisse Veränderung in seinem Selbstverständnis und in seiner Einstellung läßt jedoch bereits *Der Zauberberg* (1925) erkennen. Wie stets bei Thomas Mann vollziehen sich die entscheidenden psychologischen Entwicklungen zuerst im Werk, in den Projektionen seiner Phantasie. Dieser Roman, dessen Ende zum Zeitpunkt der hier beschriebenen Tagebuch-Eintragungen noch keineswegs fixiert war, zeigt in seinem Schlußteil eine wichtige Modifizierung in seiner Einstellung zur Sexualität, die in den persönlichen Zeugnissen jener Epoche noch nicht zu erkennen sind. Bemerkenswerterweise läßt sich in dieser Modifizierung eine Nachwirkung des Goetheschen *Tagebuch*-Gedichts erkennen.

Als Thomas Mann den Abschnitt „Strandspaziergang," den ersten des siebten und letzten Kapitels, beendet hatte, stand er vor der Aufgabe, eine neue Figur einzuführen. Der Kompositionsplan des Romans verlangte eine solche Vermehrung der Hauptgestalten in letzter Stunde, denn

Naphta und Settembrini, die beiden intellektuellen Streit-
hähne, sollten eine Gegenfigur bekommen, die diese an
Gewicht und Farbe noch übertraf. Eine solche Gegenfigur hatte Thomas Mann jedoch noch nicht gefunden. Er
hielt sich damals, im Oktober 1923, mit seiner Frau zur
Erholung in Bozen auf. Dort führte ihn der Zufall mit
Gerhart Hauptmann zusammen, dem er eines Abends
den zuletzt geschriebenen Abschnitt des Romans, den
„Strandspaziergang," vorlas. Diese Begegnung mit der
eindrucksvollen Erscheinung des Dramatikers, der damals vielen, auch Thomas Mann, als der inoffizielle *Prae-
ceptor Germaniae* galt, ließ nun die Konzeption der ge-
suchten Gegenfigur sogleich hervortreten. Offenbar war
der Eindruck von Hauptmanns Persönlichkeit so mächtig, daß Thomas Mann unmittelbar nach der Begegnung
in Bozen – in einem erstaunlichen Akt des künstlerischen
Von-der-Hand-in-den-Mund-Lebens – die nächsten vier
Abschnitte des Romans, die ganz von der Gestalt des
Mynher Peeperkorn beherrscht werden, rasch und leicht
fixieren konnte. Es ist die wohl großartigste und ambiva-
lenteste Gestalt des figurenreichen Zeitromans geworden,
dargestellt in der doppelten Optik von Sympathie und
Verehrung einerseits sowie Distanzierung und Verspot-
tung andererseits.

Die kompositionelle Funktion Peeperkorns besteht
darin, eine Gegenposition zu Settembrini und Naphta zu
repräsentieren und diese kraft seiner Persönlichkeit in
den Schatten zu stellen. Peeperkorn hat jedoch auch im
Hinblick auf die zentrale Liebesthematik des Romans
eine äußerst wichtige Funktion. Sie beruht auf dem Umstand, daß er als der Liebhaber Clawdia Chauchats auf
der Szene des Davoser Sanatoriums erscheint, der Frau
also, der Hans Castorp seine einzige heterosexuelle Erfahrung verdankt und deren Rückkehr in den Zauberberg

er mit geradezu hündischer Geduld und Anhänglichkeit erwartet hatte. Ohne es zu wissen, nimmt Peeperkorn die einst von Castorp gespielte Rolle ein. Obwohl aber Castorp die Russin durchaus noch liebt, kommt kein Gedanke an Eifersucht und Gegnerschaft, den im bürgerlichen Sinne „normalen" Reaktionen, in ihm auf. Denn auch er fühlt sich wie gebannt von der Macht der Persönlichkeit Peeperkorns, der sogleich mit unbefragter Autorität über einen ganzen Kreis von Anhängern und Jüngern zu gebieten beginnt. Woher rührt diese scheinbar unwiderstehliche Macht dieser Persönlichkeit? Offenbar schreibt sie sich in entscheidendem Maß von dem großen Aufheben her, das dieser ältere Herr von der Liebe und Geschlechtlichkeit macht. Wie ein wiedergekommener Dionysos schreitet der Holländer, der in der Tat aus einer fernen asiatischen Kolonie der Niederlande zurückkehrt, durch die ihm gewidmeten Abschnitte des Romans. Dementsprechend dionysisch, ja mystisch, ist auch sein Selbstverständnis als Mann, als männliches Geschlechtswesen. Vom Liebesakt spricht er als dem „Sakrament der Wollust;" Liebende sind ihm gar „das Organ, durch das Gott seine Hochzeit mit dem erweckten und berauschten Leben vollzieht," und die geschlechtliche Befriedigung der Frau, deren Bedürfnisse ihm offensichtlich das Fürchten beibringen, ist ihm eine heilige und deshalb ihn unweigerlich überfordernde Pflicht. So lebt der „königliche Stammler," dem unverkennbar nicht nur seine Sprechakte nicht mehr recht gelingen wollen, in ständiger Furcht vor jenem Geschick, von dem Goethes *Tagebuch* – Gedicht handelt. Mit einer auf ihre Art zwingenden, doch offensichtlich perversen Logik empfindet er ein Potenzversagen als eine „Niederlage von Gottes Manneskraft" und somit nicht etwa als eine persönliche, sondern gleich als eine „kosmische Katastrophe;" von der heiteren

Gelassenheit des Goetheschen Gedichts ist diese Potenz-Neurose wie durch einen Abgrund getrennt. Mit der gleichen grotesken Logik begeht er Selbstmord, als er Hans' und Clawdias früheres Verhältnis entdeckt und er sich sein Ungenügen gegenüber den sexuellen Forderungen, die er verblendeterweise an sich selbst stellt, eingestehen muß.

Es wäre sicher zu kurz gegriffen, die berauschten Auslassungen des Holländers als „Gefühlsscharlatanerie," wie Settembrini sie nennt, abzutun. Die Gestalt des Mynher Peeperkorn bezeichnet eine neue Stufe in der Bildung des bürgerlichen Helden Hans Castorp. Darüber hinaus bezeichnet sie aber auch einen Wendepunkt in der Geschlechtsthematik im Werk Thomas Manns. Das verdeutlicht zunächst der Vergleich mit dem *Tod in Venedig*. Während in Aschenbachs Künstler-Schicksal die Homoerotik von einem bürgerlichen Moralstandpunkt – also letztlich doch wohl nur pro forma – entschieden verworfen wird – nicht zuletzt deshalb ist von der „Entwürdigung" Aschenbachs die Rede – erfolgt hier umgekehrt eine innerliche Distanzierung von der im bürgerlichen Sinne „normalen" Einstellung zur Sexualität. Denn wir dürfen uns von Peeperkorns mystischem Geraune nicht darüber täuschen lassen, daß er, wenn auch in grotesk-komischer Übertreibung, das konventionelle bürgerliche Denken über Heterosexualität vertritt – ein Denken, in dem wie selbstverständlich die männliche Potenz der dominierende Faktor ist. Dieses konventionelle Potenz-Denken – Thomas Mann verwendet dafür die abschätzige Vokabel „hahnenmäßig" – wird durch die Reden und den Tod Peeperkorns von ihm selber ad absurdum geführt. So darf denn diese ganze Gestalt gedeutet werden als Zeichen einer innerlichen Abkehr von der Fixierung des menschlichen Denkens über Sexualität auf die männliche

Potenz. Aus den Tagebüchern der Jahre 1918 bis 1921 wissen wir von den Schwierigkeiten, die ihm dieser Punkt in seinem persönlichen Leben bereitete. Kurze Zeit darauf setzt er sich mit Ironie und unerwarteter Souveränität über dieses Problem hinweg, indem er die Potenzgläubigkeit Peeperkorns ihrer Lächerlichkeit überführt. Hatte ihm Goethes Gedicht im persönlichen Erfahrungsbereich wahrscheinlich schon zur Orientierung gedient, so wird man vermuten dürfen, daß der Geist des Goetheschen Gedichts auch die literarische Exekution Peeperkorns mitbestimmt hat.

In der Entwicklung Hans Castorps stellt das Persönlichkeitsideal Peeperkorns mit seiner exaltierten Potenzgläubigkeit aufgrund seiner Vereinseitigung einen Abweg dar, nicht anders als die von Settembrini und Naphta vertretenen Positionen. Von der bloß rauschhaften aber eigentlich unvermögenden Liebesauffassung des großen Holländers nimmt Castorp Abschied, so wie ihm auch der ebenso betont männliche aber freudlose Geist der militärischen Selbstdisziplin, den sein Vetter Joachim vorgelebt hatte, längst fremd geworden war. Abschied nimmt er auch von Madame Chauchat und ihrem konventionell-unkonventionellen Begriff von Liebe. Der höchste Liebesbegriff, den der Erzähler seinen Helden aber bloß ahnen läßt, soll die traditionellen, bürgerlichen Geschlechtsrollen des Kätzchenhaften und Hahnenmäßigen transzendieren und hinter sich lassen. Dieser „Traum von Liebe" wird erst im letzten Satz des Romans über den Tod Castorps hinaus in eine ungewisse Zukunft projiziert: „Augenblicke kamen, wo dir aus Tod und Körperunzucht ahnungsvoll und regierungsweise ein Traum von Liebe erwuchs. Wird auch aus diesem Weltfest des Todes, auch aus der schlimmen Feuerbrunst, die rings den regnerischen Abendhimmel entzündet, einmal die

Liebe steigen?" Welche Liebe ist hier gemeint? Offenbar soll es eine Liebe sein, die von den Verkrustungen und Rollenzwängen der mit dem Krieg zu Ende gegangenen Epoche befreit ist. Das heißt aber: ein tendenziell androgyner Liebesbegriff, wie er schon der Traumvision Castorps im Schnee implizit war und wie er schon von allem Anfang an, in seinem Unterbewußten und gleichsam in seiner seelischen Frühgeschichte, vorgebildet war in der Identität Clawdia Chauchats mit Castorps Schulfreund Přybislav Hippe.

Daß *Der Zauberberg* in der Tat auf einen androgynen Liebesbegriff abzielt, geht kurz nach Erscheinen des Romans aus dem im August 1925 geschriebenen Essay *Über die Ehe* hervor. Darin liefert Thomas Mann das ideelle Substrat der symbolisch verkleideten Liebesthematik des Romans. Es ist wichtig zu wissen, daß dieser für *Das Ehe-Buch* des Grafen Hermann Keyserling geschriebene Beitrag in der Erstveröffentlichung den Titel „Die Ehe im Übergang" trug, denn dem Übergang und der Veränderung der konventionellen Eheauffassung wird hier mit bemerkenswertem Engagement das Wort geredet. Ausdrücklich heißt Thomas Mann den Wandel in der Einstellung der Jugend zu Ehe und Liebe willkommen, den die *roaring twenties* auch in Deutschland beschleunigten.

Diese Befürwortung der Veränderung kann nicht überraschen angesichts des Dilemmas, in dem sich Thomas Mann selbst befand und das seine Tagebücher nun so schonungslos aufdecken. Eben dieser persönliche Hintergrund macht es verständlich, daß er diesen Essay in einem Brief an seine Tochter Erika als „auch eine prinzipielle Auseinandersetzung mit der Homoerotik" bezeichnen konnte.[13] Wir haben es hier demnach mit einer recht bemerkenswerten Verteidigung der Ehe zu tun, weil sie auch der Homoerotik Raum lassen soll. Diese wird nun nicht länger, wie noch im Tagebuch von 1918, als Störung empfunden, sondern eher als das Medium eines freieren, keckeren Verhältnisses zur Sexualität überhaupt und mithin zur Natur des Menschen. Homoerotik und Ehe: ihre Versöhnung bildet offensichtlich ein Hauptanliegen Thomas Manns in der Periode des *Zauberbergs*. Das aber bedeutet praktisch und in letzter Konsequenz die Befürwortung der Bisexualität.

Der Ehe – Essay verdient in unserem Zusammenhang besondere Aufmerksamkeit, weil sich darin ein neues Selbstbewußtsein ausdrückt. Zum erstenmal beruft er sich hier auf „die psychoanalytische Entdeckung der ursprünglichen und natürlichen Bisexualität des Menschen,"[14] die deshalb nicht länger als ein Pudendum behandelt zu werden braucht. Auf der Grundlage dieser Entdeckung begrüßt Thomas Mann die in den zwanziger Jahren zu beobachtenden Tendenzen zu einem „Ausgleich zwischen den Geschlechtern," anstatt sie als sittenverletzend und dekadent zu verwerfen. In diesem Zusammenhang begrüßt er ebenfalls den allmählichen Abbau der traditionellen Begriffe von Männlichkeit und Weiblichkeit, also des „Weibchen-Kätzchenhaften" und des Hahnenmäßigen und Martialischen.[15] Unüberhörbar ist darin die Anspielung auf Madame Chauchat und Mynher Peeperkorn, und unverkennbar distanziert sich hier der Autor des *Zauberbergs* von der Geschlechtertypologie dieser Romangestalten. Übrigens steht Thomas Mann nicht allein mit seinem Plädoyer für einen Abbau der traditionellen Geschlechterrollen und die Idee der Bisexualität; diese Tendenzen kommen in Hermann Hesses fast gleichzeitigem Roman *Der Steppenwolf* (1927) noch deutlicher zum Ausdruck.

Das im Hinblick auf die späteren Romane entscheidende Argument dieses Essays ist jedoch wohl darin zu erblicken, daß hier die Überwindung der konventionellen Geschlechterrollen als ein notwendiger Schritt zur „Vermenschlichung" erkannt wird, zu einem höheren Begriff von Humanität als der traditionelle, der – wie etwa in der deutschen Klassik und bei Richard Wagner, nicht aber in der Frühromantik – in der Idee einer ewigen Geschlechterpolarität gründet. Das heißt dann aber, daß die konventionellen Begriffe von Männlichkeit und Weiblichkeit eigentlich ein Defizit an wirklicher Humanität bezeichnen, und daß es ein Ziel der Menschheitsgeschichte sein muß, jene „ursprüngliche und natürliche Bisexualität des Menschen" zu verwirklichen. Denn das „Ewig – Menschliche," so glaubte Thomas Mann, „ist wandlungsfähig."[16] Das auf Goethes *Faust* anspielende und diesen „korrigierende" Paradox gilt auch für das Verhältnis der Geschlechter zueinander und für die Ehe. Und diese Wandlung des vermeintlich Ewig-Menschlichen macht nach Thomas Manns Überzeugung die wahre, innere Geschichte der Menschheit aus, deren früheste Entwicklung er zu diesem Zeitpunkt im Begriffe steht zu rekonstruieren und nachzuerzählen.

Unter diesen Voraussetzungen ist zu erwarten, daß die *Joseph*-Tetralogie eine entschiedenere Orientierung an der Idee der Bisexualität erkennen läßt. Das ist in der Tat der Fall. Diese Romane bezeichnen ein neues Stadium im Verständnis und in der literarischen Behandlung der Geschlechterthematik, die von nun an im Zeichen der Bisexualität und eines androgynen Menschenbildes steht. Neben *Lotte in Weimar* liefern dafür vor allem *Die Bekenntnisse des Hochstaplers Felix Krull*, die auch als ein Bekenntnis zu einem androgynen Liebesbegriff zu deuten sind, die sprechendsten Belege.[17]

In Thomas Manns Werk treffen wir auf auffallend viele Formen der vom Eros verhängten Passion, von den frü-

158

hesten Erzählungen, etwa *Der kleine Herr Friedemann* (1897), bis zur letzten, die den bezeichnenden Titel *Die Betrogene* (1953) trägt. Eine in mehrfacher Hinsicht Betrogene ist aber auch schon Mut-em-enet, die Frau des impotenten Potiphar. Die Geschichte dieser jungfräulichen Priesterin und ihrer Leidenschaft für Joseph, den schönen Minister des Pharao, die im dritten Teil der Tetralogie ausgeführt wird, bildet ohne Zweifel die extremste und wohl auch die gewagteste Gestaltung der geschlechtlichen Passion in Thomas Manns Werk im ganzen. Bezeichnenderweise handelt es sich um einen Leidensroman mit einem allerdings von der Überlieferung vorgeschriebenen Ende der Nicht-Erfüllung.

Es kann aufgrund der vorangegangenen Entwicklung nicht überraschen, daß Thomas Mann bei der Gestaltung dieser Passion auf Selbsterfahrenes und Selbsterlittenes zurückgriff. Die *Tagebücher 1933–1934* bestätigen es. Während der Arbeit an *Joseph in Ägypten* (1936) und zur Vorbereitung auf die Mut betreffenden Partien suchte er in den alten, seither vernichteten Tagebüchern nach Zeugnissen seiner Leidenschaft für Paul Ehrenberg. Davon berichtet er nun im Tagebuch von 1934: „Ich hatte mich nach den Leidenschaftsnotizen jener Zeit im Stillen schon umgesehen in Hinsicht auf die Passion der Mutem-enet, für deren ratlose Heimgesuchtheit ich zum Teil werde darauf zurückgreifen können."[18] Thomas Mann geht hier also dazu über, seine persönliche sexuelle Physiognomie auch auf weibliche Gestalten zu projizieren. Die Figur der Mut ist demnach als die den Geschlechtsunterschied überspielende Projektion seiner eigenen homoerotischen Erfahrungen zu verstehen. Ihr im tiefsten bisexuelles Wesen ist somit schon an der Genese dieser Gestalt zu erkennen. Für ihre eigentlich „männlichen" Merkmale bietet der Roman zahlreiche Belege. Schon die

Bezeichnung „Herrin," mit der sie üblicherweise angeredet wird, setzt einen betont „männlichen" Akzent. Ebenso zahlreich und unübersehbar sind die Anzeichen von Josephs „Feminität." Somit haben wir es hier mit dem Liebesroman zweier Menschen zu tun, die in ihrem tiefsten Wesen betont zweigeschlechtlich sind und jene „ursprüngliche und natürliche Bisexualität," auf die sich der Ehe-Essay beruft, weitgehend verkörpern.

Auch diese große Passion jedoch, die von der psychischen Anlage der Liebenden her die Voraussetzungen einer Erfüllung und einer Verwirklichung von wahrer Humanität in den Beziehungen der Geschlechter mit sich bringt, ist zum Scheitern verurteilt. Es hat den Anschein, als versage die heilende, den Geschlechterantagonismus transzendierende Kraft der Zweigeschlechtlichkeit, auf die Thomas Mann in seinem Essay von 1925 baute, auch hier. Das liegt aber zunächst daran, daß die biblische Vorlage und die übergreifende Konzeption der vier Romane ein solches Ende der Nicht-Erfüllung vorschreiben. Bei genauerer Betrachtung entdecken wir aber, daß der Gedanke einer androgynen Lösung von Anfang an über der Geschichte ihrer Beziehungen schwebt und dem Leser als eine utopische, hier nicht realisierbare Möglichkeit gegenwärtig bleiben soll. In dieser Hinsicht geht Thomas Mann offensichtlich über seine eigenen Erfahrungen als junger Mann und die diesbezüglichen Tagebuch-Notizen hinaus.

Wie so oft, wenn Utopisches gestaltet werden soll, bedient sich Thomas Mann auch hier des Traums. Die Rede ist von Muts Traum im Kapitel *Die Öffnung der Augen*, der scheinbar eine glückliche Lösung vorwegnimmt, diese aber in eine ferne Zukunft projiziert. Mut träumt, sie habe sich beim Schälen eines Granatapfels in dem Augenblick, als sie Joseph erblickte, in die Hand geschnitten, und allein Joseph habe ihr heftiges Bluten, dessen sie sich schämte, zu stillen vermocht. Dieser Traum, der von einer kaum verhüllten Sexualsymbolik beherrscht wird,[19] öffnet Mut die Augen über ihre „Heimsuchung" und bringt sie zu der Erkenntnis, „daß sie der Schlag der Lebensrute getroffen hatte." Doch das „Heil," das sie von nun an herbeisehnt und mit allen Mitteln herbeizulocken sucht, wird ihr nicht zuteil. Gleichwohl teilt sich dem Leser durch die Symbolik ihres Traumes das Bild einer möglichen Heilung mit: in der von Güte und Mitleid getragenen Geste, mit der Joseph die blutende Hand an seine Lippen führt. „Darüber," so heißt es in dem Traum, „stand ihr das Blut still vor Entzücken und war gestillt." Angesichts der zweigeschlechtlichen Rollen der beiden Akteure bedeutet diese Geste offenbar eine homoerotische und somit eine zweigeschlechtliche Form des „Heils," denn diese Geste muß als eine Antithese verstanden werden zu den traditionellen Bildern vom „Schwan und Stier," mit denen sie Joseph im Wachzustand vergeblich zu verführen versucht. Daraus ist nun aber der Schluß zu ziehen, daß die *Josph*-Romane die in der Periode des *Zauberbergs* zu beobachtende Entwicklung zur Idee der Bisexualität hin konsequent fortsetzen.

Wie vorgeschrieben muß Joseph seiner Herrin das „Heil" verweigern; die Liebe, um es im Sinne des Goetheschen Gedichts zu sagen, darf sich hier einmal nicht als „unendlich mehr" vermögend erweisen als die Pflicht. Aber man sehe, wie durchaus widernatürlich es zugehen muß, damit die übernatürlichen Rücksichten, denen diese Geschichte verpflichtet ist, gewahrt bleiben. Selbstredend gehört Goethes *Tagebuch*-Gedicht nicht zu den Quellen für diesen Romanzyklus. Um so bemerkenswerter erscheint es mir, daß Thomas Mann auf dem Höhepunkt von Muts Leidenschaft eine Situation inszeniert hat, die offenbar als Umkehrung der Situation des Goetheschen *Tagebuchs* angelegt ist. Bei Goethe das hektische Verlangen eines von Impotenz betroffenen Mannes, der erst über die geistige Vergegenwärtigung seiner „Herrin" seine Liebeskraft wiederfindet, dann aber auf den Liebesakt verzichtet. Joseph „verzichtet" gewissermaßen auch, doch aufgrund einer genau umgekehrten Konstellation. Im Kapitel *Das Antlitz des Vaters* holt Joseph in äußerster Not und Bedrängnis das „Denk- und Mahnbild" des Vaters – eines mythisch vielschichtigen Vaters, versteht sich – vor das geistige Auge, jedoch nicht, um seiner Potenz aufzuhelfen, sondern um sich vor den heillosen Konsequenzen einer Liebesumarmung zu retten, die sein Fleisch ganz offensichtlich doch auch begehrt. Die Szene grenzt, unerachtet ihrer ehrwürdigen Überlieferung, ans Groteske. Hier „stand" Josephs „Fleisch auf gegen seinen Geist," so daß seine tugendhaften Worte – er steht zu Muts grenzenloser Verzweiflung mit ersichtlich erigiertem Glied vor ihr – von seinem Körper lügen gestraft wird. Wie bei Goethe schlägt hier bei allem Ernst der Situation ein humoristischer Geist durch, der aus der tragischen Inkongruenz von Wollen und Können hervorgeht, wobei Können und Wollen bei Thomas Mann in einem umgekehrten Verhältnis stehen. Man kann sich beim Lesen dieser Szene des Eindrucks nicht erwehren, daß Thomas Mann, wenn es um die Gestaltung sexuell expliziter Situationen ging, sich instinktiv an ein Goethesches Modell anlehnen wollte.

Dieser Eindruck verstärkt sich, wenn wir eine Szene aus dem ersten Teil der Tetralogie heranziehen, die Erzählung von Jakobs Hochzeit. Auch hier treibt Thomas Mann ein geistreich humoristisches Spiel mit der gleichsam klassischen Situation des Goetheschen *Tagebuchs*. Um Laban davon zu überzeugen, daß er nicht dessen älteste Tochter Lea, sondern Rahel, seine „Kleine," zur Frau begehre, hatte Jakob zu einem vermeintlich schlagenden Argument gegriffen und erklärt: „Lea entfacht meine männlichen Wünsche nicht." Er verschanzt sich hinter dem Argument einer physischen Unlust, einer Art selbstgewollter Impotenz, und diese verschlagene Behauptung wird nun durch eine List Labans zugleich widerlegt und bekräftigt. Laban täuscht ihn und schickt seine Erstgeborene Lea ins Hochzeitszelt zu Jakob, die dieser unerkannt umarmt – und zwar zur völligen und wiederholten Befriedigung seiner männlichen Wünsche, wie uns der Erzähler versichert. Wie in Goethes Gedicht, ist es auch hier der Gedanke an die abwesende, wahre und im Geiste vergegenwärtigte Geliebte, die eine wunderbare Belebung der vermeintlich beschädigten Liebeskraft bewirkt. Wie hier im Sinne von Thomas Manns Mythos-Verständnis mit der Identität von Rahel und Lea, ja auch von Jakob, auf eine sinnenverwirrende und unsentimentale Weise gespielt wird, geht weit über den nicht-mythischen, rein bürgerlichen Horizont des Goetheschen Gedichts hinaus. Dessen ungeachtet bleibt aber festzuhalten, daß das *Tagebuch* Goethes zu zwei prominenten Szenen, in denen es um den Liebesakt geht, die Folie bildet. Dabei scheint sich die Erzählung von Jakobs Hochzeitsnacht eher direkt an Goethes Gedicht zu orientieren, während die Klimax-Szene zwischen Mut und Joseph als ein klüglich ausgedachtes Gegenbild zum Goetheschen Modell konzipiert zu sein scheint.

Wir wissen nichts von einer Beschäftigung mit dem Gedicht Goethes während der Arbeit an den drei ersten Bänden des *Joseph*. Wir müssen deshalb eine starke, unterschwellige Nachwirkung annehmen, die durch die Tagebuch-Eintragungen über das Phänomen des Potenzversagens nach dem Bekanntwerden mit dem Gedicht, einige

Plausibilität erhält. Im übrigen dürfen wir annehmen, daß das Motiv der geschlechtlichen Tüchtigkeit, die eigentlich von dem Gedanken an die ferne, wahre Geliebte angestachelt wird, Thomas Manns Sinn für psychologische Komplikationen und Feinheiten in besonderem Maße angesprochen hat. Er weist diesem Motiv eine zentrale Bedeutung in seiner indischen Legende von den *Vertauschten Köpfen* (1940) zu, die er unmittelbar nach dem Goethe-Roman schrieb. Dort ist die Psychologie des Liebesakts wiederum aus der Perspektive der Frau gezeichnet, der „schönhüftigen" Sita. Das Problem findet dort eine zwar radikale, aber schließlich pessimistische Lösung. Darin berührt sich diese Erzählung eher mit Goethes Roman *Die Wahlverwandtschaften,* zu dem *Das Tagebuch* die heitere Kontrafaktur darstellt.

Unmittelbar nach Abschluß von *Joseph in Ägypten* am 23. August 1936, nur zwei Tage später, machte sich Thomas Mann „vorbereitende Notizen zur Goethe-Novelle,"[20] die aber sehr bald, wie so oft bei ihm, die Dimensionen eines Romans annahm. Es versteht sich bei Thomas Manns Arbeitsweise von selbst, daß er sich das längst Vertraute, Goethes Schriften und Gespräche, noch einmal aneignete, und darüber hinaus auch mit einer beträchtlichen Anzahl von wissenschaftlichen Werken über Goethe „Kontakt nahm." Daß dabei das Buch von Felix A. Theilhaber *Goethe. Sexus und Eros* eine außerordentlich wichtige Rolle spielte, ist nach der Veröffentlichung der *Tagebücher 1935–1936* nicht mehr zweifelhaft. Kein anderes Werk der Goethe-Literatur als dieser erste psychoanalytische Versuch über Goethe im Ganzen bot ihm, zustimmend und widersprechend, so viele Anregungen.[21] Bei Theilhaber fand er viele psychologisch tiefblickende Beobachtungen zum Verhältnis von Genie und Sexualität bei Goethe sowie eine ganze Reihe von Einzelheiten über den Besuch Charlotte Kestners in Weimar im Jahre 1816. Allerdings schloß er sich dem „Sexualwissenschaftler" nicht in allen Punkten an. Wenn Theilhaber eine „Bipolarität auf dem Gebiet des Geschlechtlichen" feststellt,[22] so wird Thomas Mann ohne Schwierigkeiten zugestimmt haben; wenn Theilhaber diesen Befund jedoch als „Insuffizienz" an wahrer, „normaler" Menschlichkeit wertet, so kann er ihm unmöglich gefolgt sein. Der Roman beweist es.

Auch in Bezug auf *Das Tagebuch* geht Thomas Mann eigene Wege. Wie wir sahen, hatte Theilhaber das Gedicht ganz einfach als poetische Beichte einer versuchten Untreue aufgefaßt (s.o. Kap. I). Thomas Mann las den betreffenden Abschnitte in Theilhabers Buch mit großer Aufmerksamkeit, wie die zahlreichen Anstreichungen und Ausrufezeichen in dem noch in seiner Bibliothek befindlichen Exemplar erkennen lassen. Daß auch Thomas Mann der Meinung war, das Gedicht sei „ungemein bezeichnend für Goethe,"[23] ist aufgrund der schon zitierten Zeugnisse ohne weiteres anzunehmen. Er hätte es wohl sonst nicht in seinen Roman über Goethe aufgenommen. Die Rolle, die es dort spielt, geht aber weit über die Deutung Theilhabers hinaus und bezeugt ein durchaus symbolisches Verständnis. Im übrigen kann es nicht wundernehmen, daß er das Gedicht und somit auch Goethe an die bisherige Entwicklung der Geschlechtsthematik in seinem Werk anschloß.

In *Lotte in Weimar* (1939) ist es in erster Linie Goethes Sohn August, der die Aufmerksamkeit auf das *Tagebuch*-Gedicht lenkt. August Goethe, dem ein Teil des Literaturarchivs am Frauenplan in Weimar anvertraut war, berichtet der Hofrätin Kestner von der Existenz eines „Walpurgisbeutels," in dem er manches Verwegene und Anstößige aus Goethes Feder aufbewahre, „wie zum

Exempel ein gewisses Tagebuch-Gedicht, das ich behüte, nach italienischem Muster geschrieben und hübsch gewagt in seiner Mischung aus erotischer Moral und, mit Verlaub besagt, Oscönität.“[24] Keineswegs erschöpft sich diese Stelle in der Anerkennung gewisser pikanter oder gar obszöner Dinge aus Goethes Produktion, vielmehr dient hier *Das Tagebuch* als Beleg für eine ganz entscheidende Qualität der Goetheschen Dichtung allgemein: ihre Kühnheit. Denn das außerordentliche Talent, so die These Thomas Manns, bestehe in der „Liebe und Kraft zum Verwegenen,“ die auch „das Neue und Ungeahnte riskiert.“ Damit ist deutlich genug gesagt, so sollte man meinen, daß die Bedeutung des Gedichts nicht in seinem vermeintlich dokumentarischen Wert in Bezug auf Goethes Privatleben zu erblicken ist, sondern in seiner Beispielhaftigkeit für eine Eigenart der Goetheschen Imagination.

Daß Thomas Mann mit dieser Auffassung des *Tagebuch*-Gedichts der Goethe-Forschung seiner Zeit weit voraus war, geht aus dem oben (Kapitel I) Gesagten hervor. Wie sehr das Verständnis des Gedichts auch nach dem Krieg noch den Einsichten Thomas Manns hinterherhinkte, bezeugt eine entrüstete Stimme aus dem Jahre 1949, dem letzten großen Goethe-Jubiläum vor dem jetzigen. Es lohnt sich, diese Stimme und ihre Sprache ausführlich zu Wort kommen zu lassen, weil sie mir symptomatisch erscheint für das hartnäckige Mißverständnis, das man dem Goetheschen Gedicht heute noch weitgehend entgegenbringt, und nicht zuletzt auch für das Mißtrauen, das Thomas Manns Goethe-Bild bei vielen immer noch weckt, die sich selbst als Goethe-Freunde bezeichnen. In jenem Beitrag zum Goethe-Jubiläum 1949 geht es um die Frage: „Thomas Manns *Lotte in Weimar* eine Bereicherung unseres Goethe-Bildes?“ Die Frage wird letztlich verneint, denn Thomas Mann habe taktloserweise einen allzumenschlichen Goethe gezeigt:

> Zu diesen Allzumenschlichkeiten, die auf viele Leser peinlich wirken, gehört auch das Verweilen bei erotischen Intimitäten. Wenn Goethe selbst in seinen Dichtungen diese Dinge in klassischer Freiheit und in der Sphäre reiner Kunst gestaltet, so stehen sie außerhalb jeder moralischer Diskussion. Aber sie wirken beklemmend, wenn sie hier im Roman tiefenpsychologisch betastet werden. Welche Takt- und Geschmacklosigkeit von August, im Gespräch mit der Frau Hofrätin das „Tagebuchgedicht" nicht nur zu erwähnen, sondern als „gewagt in seiner Mischung von [sic] erotischer Moral und, mit Verlaub gesagt, Obszönität" zu charakterisieren! Goethe hat das Gedicht nicht in seine Gedichtsammlung aufgenommen, und wenn mich mein Gedächtnis nicht täuscht, auch nicht zur Veröffentlichung, nicht einmal zur posthumen, bestimmt. Wäre es nicht möglich gewesen, auf diese Sensation zu verzichten, daß der Sohn vor dieser feinen alten Dame, die er eben kennengelernt hat, innerste Geheimnisse beider Eltern preisgibt?[25]

Wie weit solche bornierten Bedenken hinter dem Niveau von Thomas Manns Goethe – Portrait zurückbleiben und selbstverständlich auch das Gedicht Goethes gründlich verkennen, zeigt der Anfang des berühmten „Siebenten Kapitels" von *Lotte in Weimar*. Es ist eine der heikelsten Partien des ganzen Romans und doch zugleich ein künstlerischer Höhepunkt in Thomas Manns Romanwerk überhaupt. Vorbereitet durch fast 300 Seiten der beziehungs- und perspektivenreichsten Gespräche über Goethe, sollte nun die Hauptgestalt selbst auftreten und das Wort nehmen. Thomas Mann, dem nach Ausweis der Tagebücher die Form und der Anfang dieses Kapitels große Schwierigkeiten bereiteten,[26] wählte schließlich den Moment des Erwachens, den Zustand zwischen

Schlaf und Wachsein, Traum und Wirklichkeit. Die Wahl dieses Einsatzes ist symptomatisch für die Intentionen des Romans im ganzen: es geht um die Beziehungen zwischen dem Bewußtsein und dem Unterbewußtsein, und damit um das Geheimnis des Schöpferischen in diesem besonderen Fall. Auf einer weiteren, kulturpolitischen Ebene geht es darüber hinaus um die Erkenntnis und Rühmung Goethes als einer kulturellen Erscheinung, in der sich ein anderes, besseres Deutschland manifestiert als jenes, auf das der Nationalsozialismus nicht ohne Unterstützung von Goethe-Forschern und Goethe-Freunden Anspruch erhob. Goethes großer innerer Monolog gehört auch in diesem weiteren Zusammenhang zur Sache:

> O, daß es schwindet! Daß das heitere Gesicht der Tiefe sich endigt, schleunig, wie auf den Wink eines launisch gewährenden und entziehenden Dämons, in nichts zerfließt und ich emportauche! Es war so reizend! Und nun, was ist? Wo kommst Du zu dir? Jena? Berka? Tennstädt? Nein, das ist die Weimarer Steppdecke, seiden, die heimische Wandbespannung, der Klingelzug... Wie, in gewaltigem Zustande? In hohen Prächten? Brav, Alter! So sollst du, muntrer Greis, dich nicht betrüben... Und ists denn ein Wunder? Welche herrlichen Glieder! Wie sich der Busen der Göttin, elastisch eingedrückt, an die Schulter des schönen Jägers – sich ihr Kinn seinem Hals und der schlummererwärmten Wange schmiegte, ihr ambrosisches Händchen das Handgelenk seines blühenden Armes umfaßte, womit er sie wackerst umschlingen wird, Näschen und Mund den Hauch seiner traumgelösten Lippen suchten, da zur Seite erhöht das Amorbübchen halb entrüstet, halb triumphierend seinen Bogen schwang mit Oho! und Halt ein! und zur Rechten klug die Jagdhunde schauten und sprangen. Hat dir das Herz doch im Leibe gelacht ob der prächtigen Composition![27]

Goethe träumte von Venus und Adonis. Sein Unterbewußtsein spann fort an einem Bildeindruck, den er, kürzlich oder vor längerer Zeit, von einem Bild Alessandro
Turchis in Dresden empfangen hatte. Im Traum verle-
bendigt er sich diese urbildliche, durch die Kunst vermit-
telte Szene zwischen der Göttin der Liebe und dem schönen Jäger, er nimmt gleichsam teil daran. An diesem
schöpferischen Träumen sind sowohl die Psyche als auch
die Physis beteiligt, zwischen ihnen waltet eine wechsel-
seitige und produktive Stimulation. Goethes Unterbewußtsein als eine von der Libido getriebene Kraft, die
sich als unersättliche Begierde nach schöner, anschauli-
cher Körperlichkeit, nach herrlichen Gliedern, äußert;
das heitere Traumgesicht als das Produkt eines elementa-
ren Bildungstriebs, der sich gleichzeitig als künstlerische
und geschlechtliche Potenz manifestiert. Kein Raunen
hier von göttlicher Inspiration, keine Beschwörung von
volkhaften Kräften. Thomas Mann stellt uns einen
Künstler vor, dessen tiefstes Begehren der Begattung gilt,
der geschlechtlichen wie der geistigen. Die Einbeziehung
des *Tagebuch*-Gedichts in diese Montage ist völlig am
Platz. Glücklich gewählt ist die Anspielung auf jene Stelle
des Gedichts, wo durch die halb träumerische Erinnerung an die „Jugendlust" die Potenz wiederhergestellt
wird und das eben noch versagende Körperteil sich „zu
allen seinen Prachten" erhoben hat. Ebenso passend ist
die zärtliche und stolze Selbsttitulierung als „muntrer
Greis," womit auf ein weiteres Gedicht des alten Goethe,
auf *Phänomen* aus dem „Buch des Sängers" im *West-östlichen Divan* angespielt wird. Als Phänomen wird dort
die Liebesfähigkeit bis ins hohe Alter gefeiert:

Wenn zu der Regenwand
Phöbus sich gattet,
Gleich steht ein Bogenrand
Farbig beschattet.

Im Nebel gleichen Kreis
Seh ich gezogen,
Zwar ist der Bogen weiß,
Doch Himmelsbogen.

So sollst du, muntrer Greis,
Dich nicht betrüben,
Sind gleich die Haare weiß,
Doch wirst du lieben.

Gerade diese Lebens- und Liebestüchtigkeit bis ins
hohe Alter – sie spricht aus dem *Tagebuch*-Gedicht ebenso vernehmlich wie aus den Liebesgedichten des *Divan* –
hatte Thomas Mann in seinem Tagebuch mit Bewunde-
rung und ein wenig Neid kommentiert: „Goethes erotisches Aushalten bis über 70 – ‚immer Mädchen.' Aber
in meinem Fall sind wohl die Hemmungen stärker, und
man ermüdet früher, selbst abgesehen von Unterschieden
der Vitalität."[28] Hier nun in dem Roman wird Goethes
„erotisches Aushalten," neidlos und mit innerer Zustim-
mung, als der Kern des eigentlichen Phänomens dieses
Lebens begriffen und gefeiert: des Phänomens des Schöpferischen.

An anderen Stellen des Romans wird die Zusammengehörigkeit von künstlerischer und geschlechtlicher Potenz
auf einer abstrakteren, begrifflichen Ebene weiter verfolgt. Dort stellt sich auch wieder die Verbindung mit der
Thematik der Zweigeschlechtlichkeit her, der alle
Aspekte von Sexualität im Spätwerk Thomas Manns un-
ter- und zugeordnet sind. Zuerst äußert sich Goethes Sekretär Friedrich Wilhelm Riemer, ein Eingeweihter mit
scharfem und bösem Blick, über diesen zentralen Punkt

im geistigen Haushalt seines Herrn. Vor der Hofrätin doziert er über das besondere Verhältnis des großen Menschen zu Geist und Natur, die sich gewöhnlich – das ist gut Thomas Mannisch gedacht – antagonistisch gegenüberstehen, im Genie jedoch, im Genie vom Typus Goethes, eine geschwisterliche Verbindung eingehen und im höchsten Sinne produktiv werden: „denn das Schöpferische ist das traulich geschwisterliche Element, das Geist und Natur verbindet und worin sie eines sind."[29] Dort also, wo das Menschsein seine höchste Bestimmung verwirklicht, im Schöpferischen, herrscht eine ausgeglichene Zweigeschlechtlichkeit, in der der Geschlechterantagonismus versöhnt ist.

Der Gedanke Riemers wird später im Roman von Goethe, auf den seine Diagnose gemünzt ist, gleichsam autorisiert. Goethes Gedanken kreisen dort um den eigentümlichen Charakter seiner künstlerischen Produktivität, deren eine wesentliche Komponente die Empfänglichkeit für das Andere, Fremde ist, für die persische Poesie eines Hafis zum Beispiel. Von daher bestimmt sich seine Abneigung gegen alle Kunst, die sich original dünkt und als sozusagen Selbstgeworfenes ihre Existenz einem rein männlichen Schaffensakt verdankt. Thomas Manns Goethe erblickt darin eine „sterile Narrheit," eine Selbstüberschätzung des geistig-männlichen Elements. Ein solches Originalitätsstreben versagt sich den höchsten und fruchtbarsten Möglichkeiten des künstlerischen Schaffens, die ihrer Natur nach zweigeschlechtlich sind. Daran anschließend meditiert Goethe über die Originalität:

> Ich verachte sie unsäglich, weil ich das Productive will, das Weibheit und Mannheit auf einmal, ein empfangend Zeugen, persönliche Hochbestimmbarkeit. Nicht umsonst seh ich dem wackren Weibe ähnlich. Ich bin die braune Lindheymerin in Mannsgestalt, bin Schoß und

Samen, die androgyne Kunst, bestimmbar durch alles, aber, bestimmt durch mich, bereichert das Empfangene die Welt.[30]

Mit der Erkenntnis: ich bin die androgyne Kunst, läßt Thomas Mann die zweigeschlechtliche Natur des Menschen Goethe und des Goetheschen Künstlertums zum Bewußtsein ihrer selbst kommen. Daß darin auch die bisexuellen Neigungen Thomas Manns sowie die Geschlechterpolarität in seinem Werk einen Ziel- und Ruhepunkt erreicht haben, ist nach der zuvor beschriebenen Entwicklung wohl nicht zu verkennen.

Durch die vorbehaltlose, nun durch den Namen Goethes legitimierte und somit sicher beglückende Affirmation der Idee der Androgynie und der Bisexualität erreicht die Reflexion auf das Wesen des Schöpferischen im Werk Thomas Manns ihren Höhepunkt. Die Polaritäten, die sein Werk durchziehen, zumal die sogenannten Künstlernovellen, und die mehr oder weniger deutlich das Gepräge einer Geschlechterpolarität trugen, wurden hier nun aufgehoben. So war Thomas Mann, wenigstens dieses Mal und vorläufig zu einer Lösung eines im Persönlichen verankerten Grundkonflikts gelangt. Die Suche nach dieser Lösung hatte ihn zunächst zu einer defensiv apologetischen Haltung und, als er sie auf die Gestalt Goethes ausrichten konnte, zu einer Verklärung der „ursprünglichen und natürlichen Bisexualität des Menschen" geführt. Daß sich Thomas Mann nicht endgültig dabei beruhigen konnte, weil das Ideal der androgynen Kunst nicht alle Dämonien des Schöpferischen zu bannen vermag, zeigt nur wenige Jahre später mit ernüchternder Deutlichkeit sein *Doktor Faustus*.[31]

Es ist schon bemerkt worden, wie sehr das Goethe-Bild Thomas Manns in *Lotte in Weimar* der Goethe-Forschung seiner Zeit voraus ist. Der Abstand auch noch des gegenwärtigen Goethe-Verständnisses zur Deutung Thomas Manns läßt sich an einem nur scheinbar nebensächlichen Detail ablesen: dem *Tagebuch*-Gedicht. Denn ob dieses Gedicht zum belanglosen priapeischen Scherz erklärt und wie ein Fremdkörper im Corpus der Goetheschen Werke behandelt wird oder ob es als eine wesentliche Dimension in unser Goethe-Bild aufgenommen werden kann: daran entscheidet sich auch heute noch die Gültigkeit und Lebendigkeit unseres Verständnisses von Goethe und seinem Werk.

Anmerkungen

Einleitung

1 Karl Robert Mandelkow, *Goethe in Deutschland. Rezeptionsgeschichte eines Klassikers, Bd. I: 1773–1918.* München 1980, S. 9.
2 Siegfried Unseld, *„Das Tagebuch" Goethes und Rilkes „Sieben Gedichte.* Frankfurt 1978.
3 Hans Sachse, Textkritisches zu den Drucken von Goethes Gedicht „Das Tagebuch." In: *Goethe – Jahrbuch* Bd. 96, 1979, S. 291–298.

I. Priapeischer Scherz oder moralischer Appell?

1 Vgl. dazu das Verzeichnis der Einzeldrucke im Literaturverzeichnis am Ende dieses Buches.
2 Siehe den Brief Erich Schmidts vom 8. Juni 1885. In: Wilhelm Scherer, Erich Schmidt, *Briefwechsel,* hesg. von Werner Richter und Eberhard Lämmert. Berlin 1963, S. 210. Vgl. auch den Brief Scherers vom 7. Juni 1885: „Das Tagebuch darf in die Weimarer Ausgabe gewiß nicht aufgenommen werden und ich würde in einer solchen Sache mich ganz mit der Großherzogin identifizieren, die Sache auf mich nehmen, wie Bismarck die Wünsche des Kaisers auf sich nimmt, gleichviel ob er sie mißbilligt." Ebda., S. 209.
3 Johannes Niejahr, Goethes Gedicht „Das Tagebuch." In: *Euphorion* Bd. 2, 1895, S. 604–616.
4 Horst Rüdiger, Willi Hirt, *Studien über Petrarca, Boccaccio und Ariost in der deutschen Literatur.* Heidelberg 1976, S. 73.
5 Max Morris, *Goethe – Studien.* Berlin 1902, Bd. 2, S. 288 290.
6 In dem Roman von Restif de la Bretonne findet sich keine mit unserem Gedicht vergleichbare Situation. Lediglich die dort vorgetragene Verteidigung der Liebesverbindung eines älteren Mannes von 52 Jahren, des Vaters der Titelheldin, mit einem jungen Mädchen, Felicitas, könnte Mendheim zu dem Hinweis veranlaßt haben. In dem Gedicht von Hofmannswaldau ist der einzige Berührungspunkt in dem Motiv des gebrochenen Rades zu erblicken – ein für Goethes Gedicht unerhebliches Detail.
7 Georg Witkowski, *Goethe.* Leipzig ³1923, S. 414.
8 Paul Kluckhohn, *Die Auffassung der Liebe in der Literatur des 18. Jahrhunderts und in der deutschen Romantik.* Halle 1923, S. 273 f.
9 Felix A. Theilhaber, *Goethe. Sexus und Eros.* Berlin 1929, S. 194.
10 Ebda., S. 8.

11 Ebda., S. 267.

12 Ebda., S. 266.

13 Unseld, a. a. O., S. 56 f.

14 Dieter Borchmeyer, *Die Weimarer Klassik. Eine Einführung.* Königstein 1980, S. 128 f.

II. *Das Tagebuch*: Text und Kommentar.

1 WA III, 4, 113.

2 Hans Sachse, a. a. O., S. 291.

III. *Das Tagebuch*: Der Schreibakt und der Liebesakt.

1 Wolfgang Kayser, Kleine Versschule. Bern [16]1974, S. 46.

2 Siegfried Unseld, a. a. O., S. 56.

3 Johannes Niejahr, a. a. O., S. 609.

4 Siegfried Unseld, a. a. O., S. 50.

5 Hans M. Wolff, *Goethe in der Periode der „Wahlverwandtschaften"* (1802–1809). Bern 1952, S. 299, deutet den Wechsel von der Ich-Form zur Er-Form als ein Anzeichen dafür, daß das Gedicht in zwei Arbeitsphasen entstanden sei, der erste Teil (I–XII) schon 1808, der zweite (XIV–XXIV) im Jahre 1810. Ich halte diese Hypothese aus den im Text dargelegten Gründen für unnötig und abwegig.

6 Siegfried Unseld, a. a. O., S. 47.

7 Dieter Borchmeyer, a. a. O., S. 129.

8 AGA Bd. 12, S. 563.

9 Siehe z. B. den Aufsatz „Bedeutende Fördernis durch ein einziges geistreiches Wort." AGA Bd. 16, S. 79–83.

IV. Der Mann von sechzig Jahren: zum Lebens- und Schaffenskontext des *Tagebuchs*.

1 Johannes Niejahr, a. a. O., S. 605.

2 Nach Max Mendheim, *Goethe. Das Tagebuch (1810). Vier unterdrückte Römische Elegien. Nicolai auf Werthers Grab.* Leipzig 1904, S. 23.

3 Ebda.

4 Felix A. Theilhaber, a. a. O., S. 264.

5 Hans M. Wolff, a. a. O., S. 230.

6 Siegfried Unseld, a. a. O., S. 89, 91 f, 96 f.

7 Friedrich Wilhelm Riemer, *Mittheilungen über Goethe.* Berlin 1841,

Bd. 2, S. 623: „Sie [eine ‚sogenannte erotische Elegie: *Das Tagebuch*]
ist zur Zeit noch secretirt geblieben und möge es noch lange bleiben,
da die guten Deutschen keinen Spaß verstehen und alles gleich für
baren Ernst nehmen, was auch nur ein *Lusus Ingenii* ist. Es muß einer
das Privilegium dazu haben, wie Wieland, Heinse, Thümmel etc., um
dergleichen mit Beifall und Nachfrage in die Welt zu setzen, Anderen
wird die Waare confiscirt, wenn sie auch zehnmal besser ist."

8 Nach Max Mendheim, a. a. O., S. 13.
9 Felix A. Theilhaber, a. a. O., S. 264.
10 Horst Rüdiger, a. a. O., S. 72.
11 Siehe Kurt R. Eissler, *Goethe. A Psychoanalytic Study 1775–1786.*
   Detroit 1963, S. 1058: „According to my theory, Goethe suffered
   from a sexual impediment that made intercourse impossible. [...]
   Goethe apparently suffered from premature ejaculation precipitated
   by sexual foreplay, particularly by kissing, or perhaps even exclusi-
   vely by kissing."
12 Vgl. dazu bes. Harry G. Haile, Prudery in the Publication History
   of Goethe's *Roman Elegies*. In: *The German Quarterly* Bd. 49,
   1976, S. 287–294.
13 WA I, 53, S. 197–207. Eine deutsche Übersetzung, von Manfred
   Wolter, jetzt in der Berliner Ausgabe des Aufbau-Verlags, Bd. 18,
   S. 696–700.
14 Paul Hankamer, *Spiel der Mächte. Ein Kapitel aus Goethes Leben
   und Goethes Welt.* Tübingen 1947, S. 16.
15 Verf., Goethe. Die natürliche Tochter. In: *Goethes Dramen. Neue
   Interpretationen*, hrsg. von Walter Hinderer. Stuttgart 1980,
   S. 219.
16 Johannes Niejahr, a. a. O., S. 606.
17 Johannes Urzidil, *Goethe in Böhmen.* Zürich 1962, S. 390.
18 Vgl. dazu Verf., Ein reicher Baron. Zum sozialgeschichtlichen Gehalt der *Wahlverwandtschaften*. In: *Jahrbuch der deutschen Schillergesellschaft* Bd. 24,1980, S. 141 ff.
19 Walter Muschg, *Tragische Literaturgeschichte*. Bern ⁴1969, S. 457.

V. Thomas Mann und *Das Tagebuch:* Aspekte der Sexualität in *Der Zauberberg, Joseph und seine Brüder* und *Lotte in Weimar.*

1 Vgl. dazu Siegfried Unseld, a. a. O. ‚S. 131 ff.
2 Hans Mayer, *Thomas Mann.* Frankfurt 1980, S. 266 f. Dieses Buch
   enthält in seinem ersten Teil einen unveränderten Neudruck der
   Monographie von 1950: *Thomas Mann. Werk und Entwicklung.*
3 Zitiert von Unseld, a. a. O., S. 182f.

4 Thomas Mann, Gesammelte Werke in 13 Bänden. Frankfurt 1960f, Bd. 9, S. 582. (Künftig: GW)

5 Thomas Mann, *Tagebücher 1918–1921*, Hrsg. von Peter de Mendelssohn. Frankfurt 1979, S. 383.

6 Hans Mayer, a. a. O., S. 476.

7 *Tagebücher 1918–1921*, S. 453.

8 Thomas Mann, *Tagebücher 1933–1934*, hrsg. von Peter de Mendelssohn. Frankfurt 1977, S. 411f.

9 Richard Exner, Die Heldin als Held und der Held als Heldin. Androgynie als Umgehung oder Lösung eines Konfliktes. In: *Die Frau als Heldin und Autorin. Neue kritische Aufsätze zur deutschen Literatur,* hrsg. von Wolfgang Paulsen. Bern 1979, S. 17–54, hier S. 41. Die tiefblickende Abhandlung Exners ist von grundsätzlicher Bedeutung für die Androgynie-Thematik in der Literatur des 20. Jahrhunderts im allgemeinen und bei Thomas Mann im besonderen; auf sie sei mit Nachdruck hingewiesen. Vgl. auch das Kapitel An Early View of the Male Realm: *Death in Venice,* in: Inta M. Ezergailis, *Male an Female. An Approach to Thomas Mann's Dialectic.* Den Haag 1975, S. 47–71.

10 Brief an Carl Maria Weber vom 4. Juli 1920. In: Thomas Mann, *Briefe 1889–1936,* hrsg. von Erika Mann. Frankfurt 1962, S. 176

11 *Tagebücher 1918–1921,* S. 11.

12 Ebda., S. 22.

13 Brief an Erika Mann vom 16. August 1925. In: *Briefe 1889–1936,* S. 247.

14 GW Bd. 10, S. 195. Mit der psychoanalytischen Entdeckung, auf die Thomas Mann sich hier bezieht, könnten Sigmund Freuds *Drei Abhandlungen zur Sexualtheorie* (1919) oder Richard von Krafft-Ebings *Psychopathia sexualis* (1886, [17]1924) gemeint sein. Vgl. auch June Singer, *Androgyny. Toward a New Theory of Sexuality.* New York 1976; Charlotte Wolff, *Bisexualität,* aus dem Englischen von Brigitte Stein. Frankfurt [2]1981.

15 GW Bd. 10, S. 194.

16 Ebda., S. 206.

17 Vgl. dazu Inta Ezergailis, a. a. O., S. 92ff und Donald F. Nelson, *Portrait of the Artist as Hermes: a Study of Myth and Psychology in Thomas Mann's „Felix Krull."* Chapel Hill 1971.

18 *Tagebücher 1933–1934,* S. 411.

19 Vgl. dazu Frank Hirschbach, *The Arrow and the Lyre. A Study of the Role of Love in the Works of Thomas Mann.* Den Haag 1955, S. 110f.

20 *Tagebücher 1935 1936,* hrsg. von Peter de Mendelssohn. Frankfurt 1978, S. 359.

21 Vgl. dazu Hinrich Siefken, *Thomas Mann. Goethe – „Ideal der Deutschheit." Wiederholte Spiegelungen 1893–1949.* München 1981,

S. 230ff. Siefken läßt den Abschnitt über *Das Tagebuch* bei Theilhaber unbeachtet und geht auch sonst auf die Rolle, die das Gedicht in Thomas Manns Goethe-Rezeption gespielt hat, nicht ein.

22 Felix A. Theilhaber, a. a. O., S. 327
23 Ebda., S. 261
24 GW Bd. 2, S. 600.
25 Richard Haage, *Thomas Manns „Lotte in Weimar" eine Bereicherung unseres Goethe-Bildes?* Kiel 1949, S. 24.
26 *Tagebücher 1937–1939*, hrsg. von Peter de Mendelssohn. Frankfurt 1980, S. 320.
27 GW Bd. 2, S. 617.
28 *Tagebücher 1935–1936*, S. 174.
29 GW Bd. 2, S. 441.
30 Ebda., S. 664.
31 Vgl. dazu das Kapitel *Doctor Faustus*: Culmination of the Male World, bei Inta Ezergailis, a. a. O., S. 72–91.

Literatur

I. Einzeldrucke

Für die folgende Liste der Einzeldrucke erhebe ich keinen Anspruch auf Vollständigkeit. Sie ist in erster Linie zur Orientierung der Liebhaber und Sammler gedacht; möge sie darüber hinaus künftigen Rezeptionsstudien und textkritischen Arbeiten eine kleine Hilfe sein.

1. Das Tagebuch. 1810. Leipzig: Hirzelsche Buchhandlung, 1861.
2. Das Tagebuch. 1810. Bisher noch nicht gedrucktes Gedicht von Goethe, 2. Auflage. Berlin: Buchhandlung von Th. Lemke, 1868.
3. Das Tagebuch. 1810. Von Goethe. Wien: Verlag von L. Rosner, 1879.
4. Das Tagebuch. 1810. Von Goethe. Karlsbad: H. Feller, 1880.
5. Das Tagebuch (1810). Vier unterdrückte Römische Elegien. Nicolai auf Werthers Grab. Wortgetreue Neudrucke. Mit einer literarhistorischen Einleitung unter Benutzung eines bisher unbekannten Briefwechsels, hrsg. von Dr. Max Mendheim. Leipzig: A. Weigel, 1904, [2]1910.
6. Goethe, Das Tagebuch. München: Gesellschaft der Münchner Bibliophilen, 1908.
7. Das Tagebuch. Berlin: Officina Serpentis, 1913.
8. Das Tagebuch. Leipzig: Drugulin, 1916.
9. Das Karlbader Tagebuch von Goethe, 1810, hrsg. von Alfred Hoenicke. Altenburg: Bonde, 1917.
10. Das Tagebuch. Textrevision von Otto Deneke. Berlin: Hyperion Verlag, 1918.
11. Das Tagebuch (1810) von Goethe. Wien: Gottlieb's Buchhandlung, o.J.
12. Das Tagebuch. Berlin: Axel Juncker, 1919.
13. Das Tagebuch von Goethe 1810, mit Steindrucken von Rudolf Grossmann. München: Phantasus Verlag, 1919.
14. Das Tagebuch von Goethe. Wien: Anzengruber-Verlag; Leipzig: Brüder Suschitzky, 1920.
15. Das Tagebuch. Buchschmuck und Titel von Remigius Geyling. Wien: Heidrich-Verlag, 1920.
16. Das Tagebuch. Von Johann Wolfgang von Goethe. Mit einem Nachwort von Georg Witkowski. München: Roland-Verlag, 1921.
17. Johann Wolfgang von Goethe, Das Tagebuch. Illustriert von Torsten Hecht. Freiburg: Guenther-Verlag, 1923.

18. Goethe, Das Tagebuch. Vignette und Text geschrieben von Kurt Reibetantz. Leipzig: Josef Singer Verlag, o.J. (1924)

19. Johann Wolfgang Goethe, Das Tagebuch 1810. Mit tschechischer Übersetzung von Jiriho Hlidka. Prag 1927.

20. Das Tagebuch. 1910. Abdruck der ersten handschriftlichen Fassung. Berlin: Ecke, 1929.

21. Das Tagebuch. Mit handkolorierten Zeichnungen von Max Schwimmer. Als Manuskript gedruckt. Leipzig: Nachrichtenamt der Stadt Leipzig, 1947.

22. Das Tagebuch. Mit farbigen Zeichnungen von Max Schwimmer. Berlin: Verlag der Nation, o.J. (1953)

23. Johann Wolfgang Goethe, Das Tagebuch. Mit 8 Originalzeichnungen von Rudolf Kriesch. München: Verlag Kurt Desch, 1958.

24. Johann Wolfgang Goethe, Das Tagebuch. Mit 6 Kupfern von Emil Schumacher. Nachwort von Friedrich Bayl. Köln: Du Mont, 1963.

25. Johann Wolfgang Goethe, Das Tagebuch. Mit farbigen Zeichnungen von U. Schramm. Gütersloh: Praesent Verlag Heinz Peter, 1964.

26. „Das Tagebuch" Goethes und Rilkes „Sieben Gedichte," erläutert von Siegfried Unseld. Frankfurt: Insel Verlag, 1978.

II. Goethe

Borchmeyer, Dieter. *Die Weimarer Klassik. Eine Einführung*, Königstein 1980.

Eichner, Hans. Zur Deutung von „Wilhelm Meisters Lehrjahren." In: *Jahrbuch des Freien Deutschen Hochstifts* 1966, S. 165–196.

Eissler, Kurt R. *Goethe: A Psychoanlalytic Study 1775–1786*, Detroit 1963.

Friedenthal, Richard. *Goethe. Sein Leben und seine Zeit*, München 1963.

Haile, Harry G. Prudery in the Publication History of Goethe's „Roman Elegies." In: *The German Quarterly* Bd. 49, 1976, S. 287–294.

Hankamer, Paul. *Spiel der Mächte. Ein Kapitel aus Goethes Leben und Goethes Welt*, Tübingen 1947.

Jost, Dominik. *Deutsche Klassik. Goethes „Römische Elegien."* München 1974.

Kluckhohn, Paul. *Die Auffassung der Liebe in der Literatur des 18. Jahrhunderts und in der deutschen Romantik*, Halle 1923.

Leppmann, Wolfgang. *Goethe und die Deutschen. Vom Nachruhm eines Dichters*, Stuttgart 1962.

Lukács, Georg. *Goethe und seine Zeit*. Bern 1947.

Mandelkow, Karl Robert. *Goethe in Deutschland. Rezeptionsgeschichte eines Klassikers*, Band I: 1773–1918. München 1980.

Mayer, Hans. *Goethe. Ein Versuch über den Erfolg.* Frankfurt 1973.

– –. Goethe im 20. Jahrhundert: die Germanisten und Goethe. In: *Rezeption der deutschen Gegenwartsliteratur im Ausland*, hrsg. von Dietrich Papenfuß u. a., Stuttgart 1976, S. 43–56.

Das Tagebuch (1810), Vier unterdrückte Römische Elegien. Nicolai auf Werthers Grab. Wortgetreue Neudrucke. Mit einer literarhistorischen Einleitung unter Benutzung eines bisher unbekannten Briefwechsels, hrsg. von Dr. Max Mendheim. Leipzig 1904. (Bibliothek litterarischer und kulturhistorischer Seltenheiten, No. 3b)

Morris, Max. *Goethe – Studien*, Berlin 1902.

Nägele, Rainer. Die Goethefeiern von 1932 und 1949. In: *Deutsche Feiern*, hrsg. von Reinold Grimm und Jost Hermand, Wiesbaden 1977, S. 97–122. (Athenaion Literaturwissenschaft Bd. 5)

Niejahr, Johannes. Goethes Gedicht „Das Tagebuch." In: *Euphorion* Bd. 2, 1895, S. 604–616.

Riemer, Friedrich Wilhelm. *Mittheilungen über Goethe.* Berlin 1841.

Rüdiger, Horst / Hirdt, Willi. *Studien über Petrarca, Boccaccio und Ariost in der deutschen Literatur*, Heidelberg 1976. (Beihefte zum *Euphorion*, Heft 8)

Sachse, Hans. Textkritisches zu den Drucken von Goethes Gedicht „Das Tagebuch." In: *Goethe-Jahrbuch* Bd. 96, 1979, S. 291–298.

Schlaffer, Heinz. *Musica iocosa. Gattungspoetik und Gattungsgeschichte der erotischen Dichtung in Deutschland*, Stuttgart 1971. (Germanistische Abhandlungen, No. 37)

Scherer, Wilhelm / Schmidt, Erich. *Briefwechsel*, hrsg. von Werner Richter und Eberhard Lämmert. Berlin 1963.

Schweling, Otto Peter. *Faust und Faustine. Eine psychografische Studie um Goethes Eros*, Köln, Graz 1964.

Theilhaber, Felix Aaron. *Goethe. Sexus und Eros*, Berlin 1929.

Unseld, Siegfried. *„Das Tagebuch" Goethes und Rilkes „Sieben Gedichte,"* Frankfurt 1978. (Insel-Bücherei, Nr. 1000)

Urzidil, Johannes. *Goethe in Böhmen.* Zürich 1962.

Vaget, Hans Rudolf. Liebe und Grundeigentum in „Wilhelm Meisters Lehrjahren." Zur Physiognomie des Adels bei Goethe. In: *Legitimationskrisen des deutschen Adels 1200–1900*, hrsg. von Peter Uwe Hohendahl und Paul Michael Lützeler, Stuttgart 1979, S. 137–157. (Literaturwissenschaft und Sozialwissenschaften, Bd. 11)

– –. Die natürliche Tochter. In: *Goethes Dramen. Neue Interpretationen*, hrsg. von Walter Hinderer, Stuttgart 1980, S. 210–225.

– –. Ein reicher Baron. Zum sozialgeschichtlichen Gehalt der „Wahlverwandtschaften." In: *Jahrbuch der deutschen Schillergesellschaft* Bd. 24, 1980, S. 124–161.

Witkowski, Georg. *Goethe*, Leipzig ³1923.

Wolff, Hans M. *Goethe in der Periode der „Wahlverwandtschaften"* *(1802–1809),* Bern 1952.

Wünsch, Marianne. *Der Strukturwandel in der Lyrik Goethes,* Stuttgart 1975.

III. Thomas Mann

Dierks, Manfred. *Studien zu Mythos und Psychologie bei Thomas Mann,* Bern 1972. (Thomas-Mann-Studien, Bd. 2)

Exner, Richard. Die Heldin als Held und der Held als Heldin. Androgynie als Umgehung oder Lösung eines Konfliktes. In: *Die Frau als Heldin und Autorin. Neue kritische Aufsätze zur deutschen Literatur,* hrsg. von Wolfgang Paulsen, Bern 1979, S. 17–54. (Zehntes Amherster Kolloquium zur deutschen Literatur)

Ezergailis, Inta M. *Male and Female. An Approach to Thomas Mann's Dialectic.* Den Haag 1975.

Haage, Richard. *Thomas Manns „Lotte in Weimar" eine Bereicherung unseres Goethe-Bildes?* Kiel 1949.

Heller, Erich. Thomas Mann und das Klassische. Betrachtungen über „Lotte in Weimar." In: *Die Klassik – Legende,* hrsg. von Reinhold Grimm und Jost Hermand, Frankfurt 1971, S. 200–226.

Hirschbach, Frank D. *The Arrow and the Lyre. A Study of the Role of Love in the Works of Thomas Mann,* Den Haag 1955.

Lehnert, Herbert. Anmerkungen zur Entstehungsgeschichte von Thomas Manns „Die Bekenntnisse des Hochstaplers Felix Krull," „Der Zauberberg" und „Betrachtungen eines Unpolitischen." In: *DVjs* Bd. 38, 1964, S. 267–272.

Mayer, Hans. *Thomas Mann.* Frankfurt 1980.

Mendelssohn, Peter de. *Der Zauberer. Das Leben des deutschen Schriftstellers Thomas Mann.* Erster Teil: 1875–1918, Frankfurt 1975.

Nelson, Donald F. *Portrait of the Artist as Hermes. A Study of Thomas Mann's „Felix Krull,"* Chapel Hill 1971.

Reed, T. J. *Thomas Mann. The Uses of Tradition.* Oxford 1974.

Siefken, Hinrich. *Thomas Mann. Goethe – „Ideal der Deutschheit." Wiederholte Spiegelungen 1893–1949,* München 1981.

Vaget, Hans Rudolf. Thomas Mann und die Neuklassik. „Der Tod in Venedig" und Samuel Lublinskis Literaturauffassung. In: *Jahrbuch der deutschen Schillergesellschaft* Bd. 17, 1973, S. 432–454.

– –. „Goethe oder Wagner" Studien zu Thomas Manns Goethe-Rezeption 1905–1912. In: H. R. Vaget / Dagmar Barnouw. *Thomas Mann. Studien zu Fragen der Rezeption,* Bern 1975, S. 1–81. (New York University Ottendorfer Series, NF Bd. 7)

Wysling, Hans. Thomas Manns Goethe – Nachfolge. In: *Jahrbuch des Freien Deutschen Hochstifts* 1978, S. 498–551.

Register
der Namen und Werke

(*Kursiv* gesetzte Seitenangaben beziehen sich auf die Anmerkungen.)